SOZIOLOGIE

FORUM
DER DEUTSCHEN GESELLSCHAFT FÜR SOZIOLOGIE

Heft 3 • 2023

Herausgeber im Auftrag von Konzil und Vorstand der Deutschen Gesellschaft für Soziologie:
Prof. Dr. Dirk Baecker (verantwortlich im Sinne des Presserechts)
Redaktion: Prof. Dr. Sylke Nissen und Dipl. Pol. Karin Lange, Universität Leipzig, Institut für Soziologie, Beethovenstraße 15, D-04107 Leipzig, Tel.: 0341/97 35 648,
E-Mail: soz-red@sozio.uni-leipzig.de (Redaktion) oder dirk.baecker@zu.de (Dirk Baecker)

Vorsitzende der Deutschen Gesellschaft für Soziologie:
Prof. Dr. Paula-Irene Villa Braslavsky, Ludwig-Maximilians-Universität München,
Institut für Soziologie, Konradstraße 6, D-80801 München
E-Mail: paula.villa@lmu.de, Tel.: 089/2180 2441
Geschäftsstelle der Deutschen Gesellschaft für Soziologie:
Marcel Siepmann (Leitung), DGS c/o Kulturwissenschaftliches Institut Essen, Goethestraße 31, D-45128 Essen, E-Mail: marcel.siepmann@kwi-nrw.de,
Tel.: 0201/1838 138, Fax: 0201/1838 232
Schatzmeisterin der Deutschen Gesellschaft für Soziologie:
PD Dr. Heike Delitz, Universität Regensburg, Fakultät Sprach-, Literatur- und Kulturwissenschaften, Universitätsstraße 31, D-93053 Regensburg, E-Mail: heike.delitz@ur.de

Aufnahmeanträge für die DGS-Mitgliedschaft und weitere Informationen unter www.soziologie.de

Die Zeitschrift SOZIOLOGIE erscheint viermal im Jahr zu Beginn eines Quartals. Redaktionsschluss ist jeweils sechs Wochen vorher. Für Mitglieder der DGS ist der Bezug der Zeitschrift im Mitgliedsbeitrag enthalten. Beiträge in der SOZIOLOGIE werden über EBSCOhost Information Services sowie in den Bibliographien von De Gruyter: IBZ und IBR erfasst.

Campus Verlag GmbH, Kurfürstenstraße 49, D-60486 Frankfurt am Main, www.campus.de
Geschäftsführung: Marianne Rübelmann
Programmleitung: Dr. Judith Wilke-Primavesi
Anzeigenbetreuung: Claudia Klinger, Julius Beltz GmbH & Co. KG, Postfach 100154, D-69441 Weinheim, Tel.: 06201/6007-386, E-Mail: anzeigen@beltz.de
Fragen zum Abonnement und Einzelheftbestellungen: Beltz Medien-Service, Postfach 100565, D-69445 Weinheim, Tel.: 06201/6007-330, E-Mail: medienservice@beltz.de

Bezugsmöglichkeiten für Nichtmitglieder der DGS:
Jahresabonnement privat 78 €, Studierende / Emeriti 35 €
Jahresabonnement Bibliotheken / Institutionen 118 € print / 177 € digital (nach FTE-Staffel)
Alle Preise zuzüglich Versandkosten. Alle Preise und Versandkosten unterliegen der Preisbindung. Kündigungen des Abonnements müssen spätestens sechs Wochen vor Ablauf des Bezugszeitraums schriftlich mit Nennung der Kundennummer erfolgen.

Druck: Beltz Grafische Betriebe GmbH, Bad Langensalza
Beltz Grafische Betriebe GmbH ist ein klimaneutrales Unternehmen (ID 15985-2104-1001).
ISSN 0340-918X

MIX
Papier aus verantwortungsvollen Quellen
FSC www.fsc.org FSC® C089473

Klimaneutral
Papier
ClimatePartner.com/13732-1910-1001

Inhalt

Editorial ... 269

Identität und Interdisziplinarität

Ehrung für Paul Lazarsfeld ... 271

Georg Vobruba
Das kulturelle Klima in Wien nach der Jahrhundertwende ... 272

Christian Fleck
Wiener Schmäh goes America ... 281

Susann Worschech, Valeria Korablyova, Andreas Langenohl
Symposion: Soziologische Perspektiven zu Osteuropa, Teil 1 ... 302

Forschen, Lehren, Lernen

Heinz Leitgöb, Knut Petzold, Tobias Wolbring, Annelies G. Blom
Zur Neuorientierung der soziologischen Methodenausbildung ... 330

Ina Krause, Birgit Blättel-Mink, Heike Delitz
Soziologie als Beruf –
zwischen gesellschaftlicher Relevanz und Prekarität ... 340

DGS-Nachrichten

Stellungnahme zur anstehenden Novellierung
des Wissenschaftszeitvertragsgesetzes ... 353

Aus dem DGS-Vorstand ... 355

Veränderungen in der Mitgliedschaft ... 357

Berichte aus den Sektionen

Sektion *Alter(n) und Gesellschaft* ... 359

Sektion *Kultursoziologie* ... 361

Nachrichten aus der Soziologie

Institutionen/Gründung in Dresden.
Karl-Siegbert Rehberg zum 80. Geburtstag
Peter Strohschneider ... 366

In memoriam Jürgen M. Pelikan
Johann Behrens ... 371

In memoriam Peter Gross
Thomas Eberle ... 376

Habilitationen ... 380

Call for Papers ... 381
Auswirkungen des gesetzlichen Mindestlohns • Drecksarbeit. Materialitäten, Semantiken und Praktiken von der Frühen Neuzeit bis zur Gegenwart

Tagungen ... 385
Ungleichheiten in Ost- und Westdeutschland. Persistenz oder Wandel? • Gesundheit – Umwelt – Gesellschaft. Umwelt- und Gesundheitssoziologie im Gespräch

Autorinnen und Autoren ... 390

Abstracts ... 392

Liebe Kolleginnen und Kollegen,

wer in diesen Monaten durch eine Universitätsbibliothek geht, in der Gelehrte studieren und Studierende sich auf Prüfungen vorbereiten, den beschleicht leicht ein mulmiges Gefühl. Was unterscheidet eine Universitätsbibliothek von der Hauptplatine eines Computers? Die Bücherregale sind die Arbeitsspeicher, die Tische die Steckplätze und die Leserinnen und Leser die Prozessoren, die aus Texten, unterbrochen von Bildern, Formeln und Tabellen, Texte gewinnen. Seit es Chatbots gibt, die mithilfe von multimodalen großen Sprachmodellen Codes und Texte generieren, die von Prompts angeregt und ausgelöst werden, stellt sich die Frage, was die Menschen, die eine Bibliothek bevölkern, von den Algorithmen unterscheidet, die in diesen Modellen ihre Heuristik und Kombinatorik entfalten. Sind Studierende und Gelehrte nicht selbst relativ beschränkte Sprachmodelle, die nach statistisch passenden, Redundanz und Varietät gefühlvoll variierenden Textstücken suchen, die auf mehr oder minder bewusste Prompts passen? Nicht ohne Rührung sieht man, dass die Menschen (auch der Autor dieses Editorials) noch glauben, souverän über ihre Prompts entscheiden zu können.

Aber ist die Ausgangsprämisse korrekt? Sind die Prompts, an denen in der Bibliothek gearbeitet wird, nicht längst das Ergebnis dieser Bibliothek? Sind die Fragen der Gelehrten und die Übungen der Studierenden nicht ihrerseits vielfach veranlasst vom bereits vorhandenen Wissen und Nichtwissen? Erlebt man in einer Bibliothek etwas anderes als die ewige Zirkularität der Produktion von Texten, Bildern, Formeln und Tabellen aus Texten, Bildern, Formeln und Tabellen? Welchen Status haben die Menschen, die sich dort tummeln? Sind sie Energiequellen, Prozessoren oder externe Anschlüsse für Fragen, die sich außerhalb der Bibliothek, vielleicht sogar außerhalb der Universität stellen?

Die Bibliothek ist die Turnhalle der Universität. Hier trainieren Algorithmen, solche, die ihre Übungen bereits perfekt beherrschen, solche, die ihr Können bei einer Prüfung unter Beweis stellen sollen, und solche, die vielleicht selbst einmal Wissenschaft treiben wollen. Jeder dieser Algorithmen ist ein mehrschichtiges Lernsystem, das jeden Output evaluiert und zur Bestätigung oder Neugewichtung seiner Module verwendet. Mit jedem Argument, das entwickelt, mit jedem Satz, der aufgeschrieben wird, stellt sich die

Frage, wie vorhersehbar Argument und Satz in welchem Kontext sind. Disruption ist schwierig und kann auf Vorbilder nicht verzichten.

Szenenwechsel. Mich würde ein Chatbot interessieren, der ausschließlich mit soziologischem Wissen arbeitet, national und international. Mit jedem Prompt würde man herausfinden, was man in der Soziologie schon weiß und was nicht. Man könnte Problemstellungen ergänzen, Lücken identifizieren und füllen, Gewichtungen korrigieren und so an einem SozGPT arbeiten, der im Fach und für das Fach das Wissen des Fachs repräsentiert. Auf Knopfdruck wären die Perspektiven und Ergebnisse anderer Disziplinen zuschaltbar und wieder abschaltbar, so dass interdisziplinär gearbeitet werden könnte. Ein weiterer Knopfdruck erschließt beziehungsweise ignoriert Praxiserfahrungen. Und nicht zuletzt könnte man quantitative und qualitative, statistische und hermeneutische, nomologische und interpretative Register ziehen und wieder ausschalten, um herauszufinden, wie ergiebig verschiedene Ansätze sind und ob und wie sie miteinander kombiniert werden können. SozGPT würde die Schranken des Fachs offenbaren, sich innerhalb des Fachs jedoch ohne Vorurteil bewegen.

SozGPT ist als App auf dem Handy oder der Smartwatch unser ständiger Begleiter. Innerhalb und außerhalb der Bibliothek genügen wenige Sekunden, um abzurufen, was wir bereits wissen und was nicht, unterfüttert mit Thesen, Daten, Belegen und ethischen Bedenken. Die Soziologie wird agil. Sie kann es sich leisten, nur noch »im Auftrag« zu arbeiten, denn alles andere, nicht zuletzt die Klassikerlektüre, der Theorievergleich, die Datenerhebung und die postkoloniale Reflexion, wäre schon da. Und dennoch macht sie einen Unterschied, denn für diesen Chatbot kann sich nur soziologisches Wissen als soziologisches Wissen qualifizieren. Schon deswegen würde es sich lohnen, die passenden Algorithmen zu programmieren. Ich ahne jedoch, dass die Texte längst geschrieben und ins Netz gestellt sind, die die Kriterien definieren, anhand derer soziologisches Wissen exklusiv als soziologisches Wissen identifiziert werden kann.

Mit herzlichen Grüßen
Dirk Baecker

Die Idee zu einer Ehrentafel für Paul Lazarsfeld am Akademischen Gymnasium in Wien stammte von Georg Vobruba. Sie wurde von Magister Roland Schwimmer, dem Direktor der Schule, und Alexander Bogner, dem Präsidenten der Österreichischen Gesellschaft für Soziologie, aufgegriffen und realisiert. Magistra Gudrun Haindl und Magistra Ursula Schwarz bauten Lazarsfeld in ihren Unterricht ein. Am 13. April 2023 fand ein Symposion zu Lazarsfeld im Festsaal des AKG statt und die Tafel an der Außenseite der Schule wurde enthüllt. Schülerinnen und Schüler der obersten Schulstufen beteiligten sich an dem Symposion mit zwei kurzen Performances sowie mit informativen Postern zu Paul Lazarsfeld, zu den »Arbeitslosen von Marienthal« und zu gegenwärtigen Problemen mit Arbeitslosigkeit. Wir dokumentieren den Einführungsvortrag von Georg Vobruba und den Festvortrag von Christian Fleck.

Soziologie, 52. Jg., Heft 3, 2023, S. 272–280

Das kulturelle Klima in Wien nach der Jahrhundertwende

Paul Lazarsfeld und das Akademische Gymnasium

Georg Vobruba

I.

Die Matura am Akademischen Gymnasium Wien (AKG) im Sommer 1919 war die erste nach dem 1. Weltkrieg, die unter einigermaßen normalen Bedingungen stattfand. Eines der drei Deutsch-Themen lautete: »Welche Vorstellungen verbindet man mit dem Begriff modern?«[1] Diese Themenstellung ist mehr als bemerkenswert. Denn sie verlangte von den Schülern[2], unter ihnen Paul Lazarsfeld, mitten *im* Umbruch zur Moderne *über* die Bedeutung von »modern« nachzudenken. Von den jungen Leuten gefordert war also die distanzierte Beobachtung einer Entwicklung, in die sie selbst intensiv involviert waren.

Um die Wende zum 20. Jahrhundert veränderten sich Politik, Lebensverhältnisse und Denken in Wien rasch und fundamental. Es war eine schwierige, zugleich aber auch eine spannende und unglaublich fruchtbare Zeit. Viel wird darüber gerätselt, woran das gelegen haben mag. Ich habe dazu eine These, die ich hier nur andeuten kann: Durch die lange Herrschaft der Habsburger, die halbherzige Revolution von 1848 und die extrem lange

1 Die beiden anderen Themen lauteten: »Wie spiegeln sich die sozialen Wandlungen des achtzehnten und neunzehnten Jahrhunderts in der deutschen Literatur dieser Zeit wider?« und »An einem frei zu wählenden Werke unserer klassischen Literatur sind die geistigen und künstlerischen Tendenzen unserer Klassiker zu erläutern«. (AKG 1919: 10)

2 Mädchen wurden zum regulären Unterricht erst ab dem Schuljahr 1949/50 zugelassen. Seit dem Ende des 19. Jahrhunderts gab es aber schon die Möglichkeit als Externistinnen am AKG zu maturieren. Eine der ersten war Lise Meitner (Matura am AKG 1901).

Regentschaft von Kaiser Franz Josef I. war zumindest die Fassade traditionaler Verhältnisse noch aufrecht, die »alteuropäische« Orientierung an einer Gesellschaftsspitze zwar ironisch angeknackst, aber noch intakt. Zugleich nahm das Nationalbewusstsein der unter der Krone vereinigten Völker zu, und man lebte unter dem Eindruck eines raschen industriellen Aufholprozesses. Meine These lautet mit anderen Worten: Die Kollision zwischen Tradition und Moderne war in Wien besonders heftig und folgenreich. Das Stadtbild von Wien hatte sich durch den Bau der Ringstraße bereits radikal verändert.

»Wo ein barocker Architekt versucht hätte, die Vorstadt mit dem Zentrum zu verbinden, um weite, auf die zentralen monumentalen Teile gerichtete Perspektiven zu schaffen, unterdrückte der im Jahre 1859 gebilligte Plan mit wenigen Ausnahmen die Perspektiven zugunsten einer Betonung des kreisförmigen Fließens« (Schorske 1982: 31).

Bei aller Prunkentfaltung war der Bau der Ringstraße ein großer Schritt von der Tradition zur Moderne, vom Adel zum Bürgertum, vom Denken auf einen absoluten Bezugspunkt hin zum Denken in Relationen.

Es entwickelte sich eine reiche Oberschicht und eine wohlhabende Mittelschicht, samt einer Generation erfolgreicher Väter. Die nächste Generation münzte Vermögen in Kultur um. Die Ehefrauen und Töchter gründeten politisch-literarisch-künstlerische Salons – eine bemerkenswerte Version intellektueller Praxis (Vobruba 2019: 47 ff.). Man vernetzte sich, es festigte sich ein Milieu. Das bürgerliche Leben in Wien um die Jahrhundertwende war geprägt von massiven Verunsicherungen und neuen Freiräumen.

II.

Doch Viele konnten den Zusammenbruch der traditionalen Ordnung im Zuge ihrer Kollision mit der Moderne nur als die Vernichtung überhaupt von Allem sehen. Karl Kraus hat das in »Die letzten Tage der Menschheit« (es heißt *nicht*: die letzten Tage der Monarchie), verfasst 1915–1922, ironisch und irritiert auf den Begriff gebracht. Der Zerfall der metaphysischen Denkwelt und der traditionalen Ordnung war aber eben auch eine große Befreiung. Dies setzte außergewöhnliche Energien frei. Es ist sinnvoll, dabei zwei Phasen zu unterscheiden.

Erstens, die Phase der Identitätsfragen. Mit der raschen Erosion des traditionalen Weltbildes, in dem sich alle großen Warum-Fragen unter Rückgriff auf einen absoluten Anfang beantworten ließen (Dux 2017), wendete sich die Suche nach einer stabilen Verankerung des Welt- und des Selbstverständnisses nach Innen. Die Erforschung des Ich und die Suche nach einer modernen Identität wurden möglich und unabweisbar. Das haben die Entwicklung der Psychoanalyse, das Interesse am Porträt und am Selbstporträt sowie der innere Monolog als literarisches Mittel gemeinsam (Worbs 1983). Die Suche nach einem stabilen Kern der Identität ist ein Lebensthema von Arthur Schnitzler (Matura am AKG 1879).[3] Um Identität geht es in den Zeichnungen weiblicher Akte von Gustav Klimt und in den zu quälerischer Selbsterforschung gesteigerten Selbstporträts von Egon Schiele, von Richard Gerstl und (am Rande) bei Arnold Schönberg (Zaunschirm 1991). Bertha Zuckerkandl protokolliert ein Gespräch zwischen Hermann Bahr, Ernst Mach und Emil Zuckerkandl in ihrem Salon:

»BAHR (mit einem ironisch-listigen Lächeln): Darf ich mir erlauben, Ihnen Mach zu erklären? Den Denker, der die Formel gefunden hat vom unrettbaren ›Ich‹, das als unabänderliches, fest verankertes Zentrum nicht existiert. MACH: Wenn ich sage: ›das Ich ist unrettbar‹, so meine ich damit […], daß dieses Ich sich auflöst in allem, was fühlbar, hörbar, sichtbar, tastbar ist. Alles ist flüchtig; eine substanzlose Welt, die nur aus Farben, Konturen, Tönen besteht.« (Zuckerkandl 1981: 171)

Und Hermann Bahr zitiert im selben Gespräch zustimmend aus Arthur Schnitzlers Versspiel »Paracelsus« (ebd.: 174):

»Es war ein Spiel. Wie sollt es anders sein?
Es fließen ineinander Traum und Wachen,
Wahrheit und Lüge. Sicherheit ist nirgends.
Wir wissen nichts vom andern, nichts von uns.
Wir spielen immer. Wer es weiß, ist klug.«

Robert Musil hat in »Der Mann ohne Eigenschaften« 1930 den sozialstrukturellen Wandel, den kulturellen Wandel und den Wandel der Identitäten zusammengeführt. Sein Protagonist Ulrich ist »Möglichkeitsdenker« (Keller 1984: 133): Er lässt sich auf nichts festlegen; nicht einmal von sich selbst. »›Niemand kann mir ins Gesicht sehen‹ dachte Ulrich. ›Ich weiß nicht einmal selbst, ob ich lüge.‹« (Musil 1978: 216) Stefan Zweig hat all das rückblickend in »Die Welt von gestern« (Zweig 2017) als Verlustgeschichte noch einmal

3 Bei den Personen, auf die ich mich hier explizit beziehe, besteht – dem Anlass dieses Vortrags entsprechend – ein deutlicher Bias zu Gunsten von Schülern des AKG.

festgehalten. Später wurde das kulturelle Wien der Jahrhundertwende zu einem Mythos.[4] Nach der Auflösung des traditionalen Weltbildes, dem Verlust jedes absoluten Anfangs, aus dem sich alles erklären lässt, nimmt das Warum-Fragen kein Ende mehr. Darum fand man keine neue Gewissheit, schuf aber unwahrscheinliche künstlerische und intellektuelle Artefakte. Es ist wie mit den Versuchen, künstlich Gold herzustellen, die zum Porzellan führten.

Zweitens, die Phase der Verteilungsfragen. Nach dem Ende des 1. Weltkriegs, bedingt durch die große Wohnungsnot, wendete sich ein starkes intellektuelles und künstlerisches Potential der Lösung sozialer Probleme zu. Es begann mit der durch zahlreiche bedeutende Architektinnen und Architekten unterstützten Siedlerbewegung[5] (zum Beispiel Josef Frank, Margarete Schütte-Lihotsky, Adolf Loos). Adolf Loos entwarf »Das Haus mit einer Mauer« als Wohneinheit für die Mustersiedlung am Heuberg (Wien, 17. Bezirk). Es ging angesichts des Elends der Nachkriegszeit um Materialersparnis, Eigenarbeit am Bau und Selbstversorgung durch jeweils eigene Gärten. Loos bezeichnet 200 Quadratmeter als ideal (Kulka 1979). Es folgt die Zeit des »Roten Wien«.[6] Einer der Wegbereiter war der Architekt Leopold Simony (Matura am AKG 1877), derselbe Jahrgang wie Peter Altenberg (vor der Matura aus dem AKG ausgetreten). Es ist bezeichnend, dass die Namen der Architekten des »Roten Wien« hinter die Berühmtheit ihrer Bauten zurücktreten. Die Phase der Identitätssuche war eben vorbei. Das gilt auch für Leopold Simony: Er fehlt in der »Liste bekannter Schüler und Absolventen« im Wikipedia-Eintrag der Schule.

Ich sehe diese zweite Phase als eine Zeit der Verallgemeinerungen der Errungenschaften der Moderne (Vobruba 2003). Statt der Identitätsfragen (der Bürgerlichen) werden Fragen allgemeiner Lebensverbesserungen der Arbeiterinnen und Arbeiter und damit immer auch: Verteilungsfragen dominant (McFarland, Spitaler, Zechner 2020). Ins Zentrum der politischen Auseinandersetzungen rückt soziale Sicherheit (Talos 1981: 143 ff.): als Bedingung der Möglichkeit von Selbstbestimmung, dem Grundversprechen der Moderne, nicht nur für das Besitzbürgertum. In der Wiener Kommunalpolitik führend

4 Einen entscheidenden Beitrag dazu leisteten die Ausstellungen (jeweils mit Katalog) »Experiment Weltuntergang – Wien um 1900« im Jahr 1981 in der Hamburger Kunsthalle und »Traum und Wirklichkeit. Wien 1870 – 1930« im Jahr 1985 im Künstlerhaus, Wien.

5 Zur Siedlerbewegung und ihrem Verhältnis zum Gemeindebau des Roten Wien vgl. Novy (1983).

6 Zur Entwicklung des kommunalen Wohnungsbaus in Wien bis 1926 der damalige Vizebürgermister Karl Honey (Honey 1926).

beteiligt war der sozialistische Steuer- und Finanzfachmann Robert Danneberg (Matura am AKG 1903), er wurde 1942 in Auschwitz ermordet.

Die ersten Jahrzehnte des 20. Jahrhunderts in Wien waren eine spannungsreiche, aber auch eine wissenschaftlich und intellektuell unglaublich produktive Zeit. Ich nenne nur einige Namen, die dies markieren: Ludwig Wittgenstein, Erwin Schrödinger (Matura am AKG 1905), Hans Kelsen (Matura am AKG 1900), Karl und Charlotte Bühler, deren Kreis Paul Lazarsfeld angehörte. Zu diesem Kreis zählten auch mehrere Absolventinnen des stark reformorientierten Wiener Mädchen-Gymnasiums in der Rahlgasse im 6. Bezirk (gegründet 1892), unter anderen Marie Jahoda.

III.

Der Erfahrungshintergrund, den jene Zeit bot, erweiterte die kulturellen, politischen und wissenschaftlichen Denkräume. Dies begünstigte auch die Entwicklung der Soziologie, die damals zum Teil als »Wirtschaftspsychologie« betrieben wurde (Zeisel 1968).

Schon im Jahr 1878 hatte sich Tomáš Garrigue Masaryk,[7] Mitbegründer und Staatspräsident der Tschechoslowakei (Matura am AKG 1873) mit der Arbeit »Der Selbstmord als sociale Massenerscheinung der modernen Civilisation« (Masaryk 1982) habilitiert. Das war 19 Jahre vor der berühmten Selbstmord-Studie von Durkheim.[8] Soziologie lag in der Luft. Dank des raschen und tiefgreifenden sozialen Wandels wurde anschaulich, dass soziale Verhältnisse veränderbar sind; und es ließ sich jene Distanz zur Gesellschaft gewinnen, die ihre methodisch disziplinierte Beobachtung erst möglich macht – eine Grundvoraussetzung für die Soziologie. In den 1920er und beginnenden 30er Jahren in Wien standen einander erklärende, quantitative und verstehende, qualitative sozialwissenschaftliche Ansätze gegenüber, wobei erstere politisch links, letztere dagegen rechts codiert war und unter Metaphysik-Verdacht stand. Forschungstechnisch ging es Lazarsfeld um die Überwindung dieser Entgegensetzung durch die Verknüpfung von *questionnaire* und *interview*. Das mit seiner Karriere eng verbundene Ergebnis

---

7 Masaryk gehörte der so genannten »Wunderklasse« an (Maturajahrgang 1873). Aus ihr gingen zwei Ministerpräsidenten und zwei Minister hervor. Das war bezeichnender Weise noch vor dem *cultural turn* des Wiener Bürgertums.

8 Durkheim (1973) erwähnt Masaryk an zwei Stellen seines Buches.

war »a proliferation of tools, developed out of a framework first drawn in interwar Vienna, that could be deployed and combined flexibly according to the particular research situation.« (Houndshell 2022: 636) Niemand, der bei klarem Verstand ist, würde heute anders vorgehen.

Alfred Schütz betont:[9] »Jeder, der Sozialwissenschaftler werden will, muß sich dazu entschließen, einen anderen statt seiner selbst als das Zentrum dieser Welt zu setzen, nämlich die beobachtete Person.« (Schütz 1972: 41) Erst aus der so gewonnenen Beobachtungsposition lässt sich Lazarsfelds Rat befolgen: »Es ist *gleich* wichtig, die subjektive Stellungnahme der Leute zu kennen […] wie ihre objektiven Verhaltensweisen und Leistungen.« (Lazarsfeld 2007: 266) Die »subjektive Stellungnahme« der Soziologin, des Soziologen zum Ergebnis ihrer/seiner Beobachtungen ist dagegen entbehrlich. Schütz stammt wie der zwei Jahre jüngere Paul Lazarsfeld aus einem säkularisierten, liberalen jüdischen Elternhaus.

Die Dichte der Beziehungen und die persönlichen Freundschaften kreuz und quer durch Wissenschaft (Janik, Toulmin 1984: 119), Kunst, Journalismus führten zur Selbstbestärkung der Exponentinnen und Exponenten des Grundanliegens der Moderne im Kampf gegen die Ausläufer der Tradition *und* steigerte das Reflexionsniveau in der je eigenen wissenschaftlichen, künstlerischen Praxis. Die ungewöhnlich engen persönlichen Beziehungen und der Austausch zwischen unterschiedlichen Wissenschaften in Wiener Cafés und Salons boten die Voraussetzung dafür, Interesse und Verständnis für die logischen Strukturen hinter den Fachsemantiken der unterschiedlichen Disziplinen zu entwickeln. Die Philosophen des Wiener Kreises knüpften daran die Idee, »zuerst die einzelnen Naturwissenschaften untereinander und danach die Künste mit den Naturwissenschaften mithilfe einer gemeinsamen Grammatik zu vereinen« (Kandel 2012: 50). Aus heutiger soziologischer Sicht würde man eher sagen: Das durch den interdisziplinären Austausch gesteigerte Reflexionsniveau eröffnete die Möglichkeit, Wissensstrukturen selbst zum Gegenstand von Wissen zu machen, eröffnete somit den Denkraum der Wissenssoziologie. Wissen über Wissen als sozialen Sachverhalt zu generieren, erfordert eine besondere Distanzierungs- und Reflexionsleistung. Ihr Begründer Karl Mannheim ist in Budapest in einem Milieu aufgewachsen, das der Wiener Szene stark ähnelte.

9 Er studierte unter anderem bei Hans Kelsen und Ludwig von Mises (Matura am AKG 1899).

IV.

Das Akademische Gymnasium, Wien I, wird in der 400-Jahre Festschrift aus dem Jahre 1953 als »ausgesprochen bürgerlich« charakterisiert, als Schule für Kinder des Bürgertums (AKG 1953: 12). Das 19. Jahrhundert, in dem sich das Bürgertum wirtschaftlich durchsetzte, war eine gute Zeit für das Gymnasium. Die Gegenüberstellung der väterlichen Berufe der in die Schule neu eingetretenen Schüler 1819/20 und 1871/72 dokumentiert den Aufstieg des Bürgertums und den Prestigezuwachs der Schule. 1819/20 überwiegen Beamte, Handwerker, kleiner Einzelhandel; 1871/72 Fabrikanten, Bankdirektoren und Kaufleute (Winter 1996: 151 ff.). Zeitgleich nahm die Zahl der jüdischen Schüler zu. Ihr Anteil betrug in manchen Jahrgängen vor 1938 bis zu 66 %.

»Daß das Akademische Gymnasium einen weitaus höheren Anteil jüdischer Schüler hatte als die übrigen Gymnasien der Wiener Innenbezirke, hat seine Gründe. Es scheint nicht nur das hohe Ansehen und Alter der Schule […] dafür maßgeblich gewesen zu sein, sondern auch die Tatsache, daß es bis dahin an der Schule kaum antisemitische Bestrebungen gegeben haben dürfte.« (Winter 1996: 164)

Am 28. April 1938 mussten drei Lehrer[10] und 166 Schüler die Schule verlassen, 21 waren schon davor abgemeldet oder ausgeschlossen worden. Das AKG verlor damals beinahe die Hälfte aller seiner Schüler[11] (ebd.: 165).

V.

Zurück zur Matura im Sommer 1919. Aus dem Jahresbericht des AKG:

»5. Juli: Nach dem Schlussgottesdienste der katholischen Schüler versammeln sich um ½9 Uhr alle Schüler der Anstalt mit dem Lehrkörper im Festsaale, woselbst der Direktor an sie eine Ansprache hält; Abiturient Paul Lazarsfeld dankt namens der Oktava dem Lehrkörper und dem Direktor für das reiche Ausmaß der Bildung in wissenschaftlicher und ethischer Beziehung, gelobt treue Anhänglichkeit an die Lehrer und spricht zu den zurückbleibenden Schülern über ihr Verhältnis zur Schule.« (AKG 1919: 14)

---

10 Dr. Emil Lehmann (1907–?), Dr. John Edelmann (1892–1944) und Dr. David Ernst Oppenheim (1881–1943).

11 Im Rahmen des Projekts »Umschulung der jüdischen Schüler des Akademischen Gymnasiums Wien 1938« haben Schülerinnen und Schüler des AKG im Jahr 1998 eine Liste aller ihrer Namen erstellt: http://www.akg-wien.at/Projekte/Umgeschult/projekt/projekt beschreibung.htm.

Literatur

AKG 1919: Jahresbericht über das Akademische Gymnasium in Wien für das Schuljahr 1918–1919. Wien: Verlag des Akademischen Gymnasiums. https://anno.onb.ac.at/cgi-content/anno-plus?aid=jag&size=45, letzter Aufruf am 29. April 2023.

AKG 1953: 1553/1953 – Vierhundert Jahre Akademisches Gymnasium. Festschrift. Wien: Privatdruck. http://members.chello.at/seite-akg68/akg68/400%20Jahre%20Akademisches%20Gymnasium_Textversion.pdf, letzter Aufruf am 29. April 2023.

Durkheim, Emile 1973 [1897]: Der Selbstmord. Neuwied, Berlin: Luchterhand.

Dux, Günter 2017 [2000]: Historisch-genetische Theorie der Kultur. Instabile Welten. Gesammelte Schriften, Band 2. Wiesbaden: Springer VS.

Honey, Karl 1926: Die Wohnungspolitik der Gemeinde Wien. Wien: Deutsch-Österr. Städtebund.

Hounshell, Eric 2022: From questionnaire to interview in survey research: Paul F. Lazarsfeld and the *Wirtschaftspsychologische Forschungsstelle* in interwar Vienna. Intellectual History Review, vol. 32, no. 3, 619–644.

Janik, Allan / Toulmin, Stephen 1984: Wittgensteins Wien. München, Wien: Hanser.

Kandel, Eric 2012: Das Zeitalter der Erkenntnis. Die Erforschung des Unbewussten in Kunst, Geist und Gehirn von der Wiener Moderne bis heute. München: Siedler.

Keller, Ursula 1984: Böser Dinge hübsche Formel. Das Wien Arthur Schnitzlers. Berlin, Marburg: Guttandin & Hoppe.

Kulka, Heinrich 1979 [1931]: Adolf Loos. Wien: Löcker.

Lazarsfeld, Paul F. 2007 [1934]: Prinzipielles zur Soziographie. In Paul F. Lazarsfeld, Empirische Analyse des Handelns. Ausgewählte Schriften, herausgegeben von Christian Fleck und Nico Stehr. Frankfurt am Main: Suhrkamp, 264–289.

Masaryk, Tomáš G. 1982 [1881]: Der Selbstmord als sociale Massenerscheinung der modernen Civilisation. München: Philosophia Verlag.

McFarland, Rob / Spitaler, Georg / Zechner, Ingo (Hg.) 2020: Das Rote Wien. Schlüsseltexte der Zweiten Wiener Moderne 1919–1934. Berlin: De Gruyter.

Musil, Robert 1978 [1930]: Der Mann ohne Eigenschaften. Gesammelte Werke, Band 1. Reinbek bei Hamburg: Rowohlt.

Novy, Klaus 1983: Selbsthilfe als Reformbewegung. Der Kampf der Wiener Siedler nach dem 1. Weltkrieg. In Klaus Novy, Genossenschafts-Bewegung. Zur Geschichte und Zukunft der Wohnreform. Berlin: Transit, 22–58.

Schorske, Carl E. 1982: Wien. Geist und Gesellschaft im Fin de Siècle. Frankfurt am Main: S. Fischer.

Schütz, Alfred 1972: Das Problem der Rationalität in der sozialen Welt. In Alfred Schütz, Gesammelte Aufsätze II. Studien zur soziologischen Theorie. Den Haag: Martinus Nijhoff, 22–50.

Schwarz, Werner Michael / Spitaler, Georg / Wikidal, Elke (Hg.) 2019: Das Rote Wien 1919 – 1934. Basel: Birkhäuser.

Talos, Emmerich 1981: Staatliche Sozialpolitik in Österreich. Rekonstruktion und Analyse. Wien: Verlag für Gesellschaftskritik.

Vobruba, Georg 2003: Freiheit. Autonomiegewinne der Leute im Wohlfahrtsstaat. In Stephan Lessenich (Hg.), Wohlfahrtsstaatliche Grundbegriffe. Historische und aktuelle Diskurse. Frankfurt am Main: Campus, 137–155.

Vobruba, Georg 2019: Die Kritik der Leute. Einfachdenken gegen besseres Wissen. Weinheim, Basel: Beltz Juventa.

Winter, Robert 1996: Das Akademische Gymnasium in Wien. Wien: Böhlau.

Worbs, Michael 1983: Nervenkunst. Literatur und Psychoanalyse im Wien der Jahrhundertwende. Frankfurt am Main: Europäische Verlagsanstalt.

Zaunschirm, Thomas (Hg.) 1991: Arnold Schönberg. Das bildnerische Werk. Klagenfurt: Ritter Verlag.

Zeisel, Hans 1968: L'école viennoise des recherches de motivation. Revue française de sociologie, vol. 9, no 1, 3–12.

Zuckerkandl, Bertha 1981 [1908]: Literatur und Philosophie: Hermann Bahr, Ernst Mach und Emil Zuckerkandl im Gespräch, Wien 1908. In Gotthart Wunberg unter Mitarbeit von Johannes J. Braakenburg (Hg.), Die Wiener Moderne. Literatur, Kunst und Musik zwischen 1890 und 1910. Stuttgart: Reclam, 171–177.

Zweig, Stefan 2017 [1942]: Die Welt von gestern. Frankfurt am Main: Fischer.

Soziologie, 52. Jg., Heft 3, 2023, S. 281–301

Wiener Schmäh goes America

Paul Lazarsfeld, Begründer der modernen empirischen Sozialforschung

Christian Fleck

Mehr als 120 Jahre nach jemandes Geburt, fast fünfzig Jahre nach seinem Tod sich einer Person würdigend zu erinnern, ist ungewöhnlich. Familiäre Erinnerungen reichen selten weiter als drei Generationen zurück, nur Adel und familienkapitalistische Dynastien machen da eine Ausnahme. In den Wissenschaften werden zwar Namen einiger Ahnen tradiert, viel mehr als einen halben Satz über die Leistungen des Genannten vermag aber wohl kaum jemand Heutiger hervorzubringen, nur in dafür spezialisierten Nischen wird ein etwas umfangreicheres kollektives Gedächtnis gepflegt. Öffentliche Einrichtungen, wie Gymnasien, also auch das Akademische Gymnasium hier in Wien, gehen mit ihrer Vergangenheit zumeist zeremoniell um: Aus Anlass von Jubiläen erscheinen Festschriften und finden Veranstaltungen statt. Hier geht es allerdings nicht um ein derartiges chronologisches Jubiläum, sondern darum, eines Absolventen der Schule zu gedenken und diesem Gedenken steinerne Dauer zu verleihen. Ich werde den so geehrten Paul F. Lazarsfeld in drei Schritten vorstellen und beginne mit seinen Lebensstationen. Danach greife ich aus seinen zahlreichen Schriften einige wenige heraus, um sein Denken und seine Argumentationsweise zu skizzieren. Abschließend werde ich versuchen, die Frage zu beantworten, warum er heute und vielleicht auch in der näheren Zukunft in bestimmten Kontexten in Erinnerung bleiben dürfte, ja sollte.

Leben

Paul F. Lazarsfeld wurde 1901 in Wien geboren,[1] wo er bis zum Herbst 1933 lebte. Seine Eltern heirateten im Jahr vor seiner Geburt und der Umstand, dass diese Eheschließung in den Matriken der Israelitischen Kultusgemeinde verzeichnet wurde, informiert uns, dass die Lazarsfelds zur jüdischen Bevölkerung Wiens gehörten. Über die Intensität ihrer Verbundenheit mit dem Judentum beziehungsweise der jüdischen Religion sagt uns das aber wenig, weil in der Monarchie – und auch noch einige Zeit danach – die Dokumentierung der Eheschließungen den »Religionsgesellschaften« vorbehalten blieb. Sowohl die väterlichen wie die mütterlichen Großeltern Pauls waren gläubige Juden und wanderten aus kleineren Gemeinden in Mähren in die Wiener Leopoldstadt, wo sie zur wohlhabenderen Hälfte der dortigen Bevölkerung zählten. Pauls Eltern und er selbst waren religiös unmusikalisch, um Webers Terminologie zu bemühen, gingen aber in ihrem Assimilationsstreben weniger weit als viele ihrer Freunde und Bekannte und verließen die Kultusgemeinde nicht.

Der Vater Robert (1872–1939) war Rechtsanwalt, in seinem Beruf nicht sonderlich erfolgreich und eigentlich an anderem interessiert. Von ihm gibt es einige Veröffentlichungen, aber im Großen und Ganzen scheint er in der Familie nicht die Rolle des Patriarchen eingenommen zu haben. Ganz anders die Mutter Sophie (geborene Munk, 1881–1976). Wiewohl ohne formale Bildung, das Frauenstudium war vor 1918 nur eingeschränkt möglich, eroberte sie sich mehr als nur *A Room of One's Own*, um eine Anleihe bei Virginia Woolf zu nehmen. Zwei Jahre nach Paul gebar Sophie 1903 ihre Tochter Elisabeth.

Sophie begann in den 1910er Jahren, einen Salon abzuhalten. Diese Gesellungsform hat zur materiellen Voraussetzung eine Wohnung von hinreichender Größe und Respektabilität; sie transzendiert die Intimität von Familie und Freundschaft hin zu einem Zusammenkommen von Personen in der Halb-Öffentlichkeit einer noch-nicht-genehmigungspflichtigen Versammlung, die sich auch der Beobachtung durch die neugierigen Augen und

1 Die meisten biografischen Informationen stammen aus zwei autobiografischen Interviews: Lazarsfeld (1961) und Lazarsfeld (1975a). Sie sind beide nicht publiziert, aber Kopien der Transkripte befinden sich im Paul F. Lazarsfeld Archiv an der Universität Wien. Ein weitaus kürzeres auf Deutsch am 23. September 1969 mit Erich Schenk geführtes Interview kann man als Tondokument nachhören (Lazarsfeld 1969b). Zur Sekundärliteratur vgl. Fleck (2023).

Ohren der Polizei entzieht.[2] Nach 1914 präsidierte Sophie Lazarsfeld ihren Salon allein, da Robert im Feld war.[3] Die Besucher des Salons rekrutierten sich aus dem Milieu jüdischer Intellektueller sozialdemokratischer Orientierung.[4] Einer der regelmäßigen Besucher schrieb nicht nur Weltgeschichte, sondern stand Sophie und Paul besonders nahe: Friedrich Adler war nach einer vielversprechenden Karriere als Physiker in der Schweiz, wo er sich habilitiert hatte und eine akademische Laufbahn hätte einschlagen können, gegen den hinhaltenden Widerstand seines Vaters Victor nach Wien zurückgekehrt, um sich der Politik zu verschreiben. Er wurde Sophies Liebhaber – und blieb das bis zu seinem Lebensende – und Pauls erster Mentor.

Der adoleszente Gymnasiast, über dessen Schullaufbahn mir nichts Näheres bekannt ist, entwickelte drei sehr unterschiedliche Leidenschaften. Von Adler ermuntert vertiefte er sich in die moderne Physik und die dafür notwendige Mathematik. Die Besucher des mütterlichen Salons bestärkten ihn in der Herausbildung einer politischen Haltung am linken Rand der Sozialdemokratie und auch das elterliche Interesse an Tiefenpsychologie fand ein Echo beim jungen Paul.

Neben den Einflüssen durch Ältere und das Milieu, in dem PFL[5] aufwuchs, muss daran erinnert werden, dass seine Jugendjahre durch das selbst erlebte Elend und den Hunger während des Weltkriegs geprägt wurden. Der väterliche Mentor Friedrich Adler setzte im Herbst 1916 ein dramatisches Zeichen des Widerstandes gegen die Kriegstreiber unter Österreichs Elite. Er erschoss am 21. Oktober 1916 den k.u.k. Ministerpräsidenten Karl Stürgkh. Es wird berichtet, dass Lazarsfeld an Demonstrationen vor dem Gerichtsgebäude teilgenommen habe, jedenfalls besuchte er den in Stein an der Donau Inhaftierten und diskutierte dort umständehalber nicht über Politik (was ja verboten war), sondern über Physik (Adler 1967).

Einen Generationskonflikt scheint es im Hause Lazarsfeld nicht gegeben zu haben. Paul lernte Geige spielen und ging diesem Hobby auch später

2 Es ist denkbar, dass die Gründung des Salons eine Reaktion auf die Tätigkeit des Kriegsüberwachungsamtes war. Siehe dazu: Scheer (2010).

3 Dank der Anstrengungen von Sophie konnte sich Robert ein Pferd kaufen und kam daher zu einer Kavallerieeinheit, die nie die Front sah. Die Trennung mag beiden insofern entgegengekommen sein, als beide sich mit der Existenz eines außerehelich gezeugten weiteren Kindes Roberts abfinden mussten. Ihre Ehe überstand dieses Problem.

4 Neben Victor Adler und Alfred Adler gehörten die Familien Rudolf Hilferding, Otto Bauer, Max Adler zu den regelmäßigen Besuchern.

5 Es gehörte zur *Bureau*-Kultur, Personen nur mit ihren Akronymen zu adressieren; eine Routine, der hier gefolgt wird.

nach; der einzige kleine Konflikt, den er berichtenswert fand, betraf Pauls Bar Mitzwa. Da es davon eine große und eine bescheidenere Variante gegeben haben soll, wünschte sich Paul naturgemäß erstere, stieß damit bei seiner Mutter aber auf wenig Gegenliebe. Die kleine Bar Mitzwa blieb die letzte Bekundung seiner Zugehörigkeit zum Judentum.

Noch während seiner Gymnasialjahre zerfiel die Habsburger Doppelmonarchie und die Republik Deutschösterreich wurde ausgerufen. In welchem Umfang Lazarsfeld an den Umzügen und Demonstrationen beteiligt war, ist nicht überliefert. Ziemlich klar ist hingegen, dass er nach 1918 an der Gründung der Vereinigung sozialistischer Mittelschüler führend beteiligt war und in dieser Organisation seine politische Basis sah.

Eine der anderen Aktivitäten verdient, hervorgehoben zu werden. Lazarsfeld schrieb Texte für linkes ein Studenten-Kabarett, beherrschte also den Wiener Schmäh fast schon professionell (Scheu 1985).

Ab dem Wintersemester 1919/20 inskribierte PFL Mathematik und Physik an der Universität Wien. 1924 graduierte er, erwarb die Lehrberechtigung als Gymnasiallehrer und übte diesen Beruf dann einige Jahre lang auch aus. Eine Einladung Friedrich Adlers, ihn in dessen neuer Funktion als Generalsekretär der Sozialistischen Arbeiter-Internationale zu unterstützen, lehnte er ab und blieb in Wien.[6] Während der 1920er Jahre betätigte sich PFL vor allem als sozialdemokratischer Organisator und Redner. Er hielt Vorträge, schrieb für die Organe der Sozialdemokratie und organisierte Ferienkolonien. Während der schulfreien Zeit boten die meist außerhalb Wiens stattfindenden Lager Jugendlichen betreute Freizeit. PFLs erste umfangreichere Veröffentlichung war eine Art Reflexion seiner pädagogischen Erfahrungen (Lazarsfeld, Wagner 1924).

Seine mathematischen Fertigkeiten brachten PFL gegen Ende der 1920er Jahre mit seinen ersten akademischen Mentoren in Kontakt. Ab 1923 lehrte Karl Bühler an der Universität Wien Psychologie und dessen Frau Charlotte ergänzte ihn durch ihre entwicklungspsychologischen Studien. Am Bühlerschen Universitätsinstitut volontierte der junge Mathematiklehrer Lazarsfeld anfangs neben seinem Brotberuf, in dem er später freigestellt (und möglicherweise teilweise weiterhin von der Stadt Wien bezahlt) wurde, um den Psychologiestudierenden Statistik beizubringen. Seine schon davor in den Ferienkolonien demonstrierten didaktischen Fähigkeiten stellte er auch dort

6 20 Jahre später offerierte Friedrich Adler ihm nochmals ein politisches Amt, jenes des Vorsitzenden des Austrian Labor Committee in New York, das dieser bis 1943 wahrnahm; wiederum lehnte PFL ab.

unter Beweis. Sein Lehrbuch der Statistik, das in dieser Zeit entstand, bestätigt das – auch wenn auffällt, dass in diesem Lehrbuch keine Kreuztabellen zu finden sind (Lazarsfeld 1929).

Von PFL sind keine Bekundungen seiner damaligen Zukunftserwartungen überliefert. Mit ein wenig Vorsicht können wir aber annehmen, dass die Tagträume seiner ersten Ehefrau, der um sechs Jahre jüngeren Marie Jahoda, ein bisserl auch seine Weltsicht zum Ausdruck bringen. In einem lebensgeschichtlichen Interview bekundete Jahoda auf die Frage nach den Gründen ihrer Studienwahl – sie studierte an der Universität Psychologie und wurde am Pädagogischen Institut zur Volksschullehrerin ausgebildet –, dass sie sich als junge Frau ganz sicher war, demnächst den Aufbau der neuen sozialistischen Gesellschaft zu erleben und in deren Regierung würde sie wohl das Unterrichtsministerium übernehmen. Dafür wären diese Studien eine gute Vorbildung. Bis zur Nationalratswahl von 1929 deutete auch einiges darauf hin, dass das keine völlig schräge Zukunftserwartung war, wurde doch die SDAP von Wahl zu Wahl stärker.

In gewisser Weise heterodox, also von der »Parteilinie abweichend«, waren die nächsten Schritte Lazarsfelds. Die Verbindung zu den Bühlers brachte ihn in Kontakt mit Auftraggebern empirischer Forschung und da Karl Bühler selbst daran wenig Interesse zeigte, gründete er – mit dem Sanctus seines Mentors – 1931 die Wirtschaftspsychologische Forschungsstelle. Beabsichtigt war, durch Marktforschung Einnahmen zu lukrieren, und dies als Grundlage für, wie man heute sagen würde, Methodenentwicklung und autonome Forschung zu nutzen. Die hochtrabenden Pläne zerschellten mehr oder weniger drastisch, zuerst an den Folgen der Weltwirtschaftskrise und dann – schon nach PFLs Weggang – an der Machtübernahme durch die Austrofaschisten.

In den wenigen Jahren ihrer Existenz produzierte die Forschungsstelle aber eine Veröffentlichung, die Jahrzehnte später zum Klassiker der empirischen Sozialforschung werden sollte: »Die Arbeitslosen von Marienthal« (Lazarsfeld-Jahoda, Zeisl 1933).

Es verdient festgehalten zu werden, dass die Themenwahl und die Auswahl des Erhebungsortes Otto Bauer zu verdanken war, der mit der Familie Lazarsfeld befreundet war und sich Anfang der 1930er Jahre, als er der führende Vertreter der SDAP war, regelmäßig Zeit für Diskussionen mit Jüngeren nahm. Bei einer dieser Zusammenkünfte berichtete PFL von seiner Idee, eine Studie über das Freizeitverhalten von Arbeitern durchzuführen, woraufhin Bauer ihn belehrte, dass gegenwärtig ein anderes Problem vordringlicher wäre, nämlich Arbeitslosigkeit.

Pläne von PFL, an der Universität Wien Karriere zu machen, scheiterten am deftigen Antisemitismus der deutschnational-klerikalen Professorenschaft, gegen die sich der »Zugereiste« Bühler nicht durchsetzen konnte (Taschwer 2015). Nach Prag ausgestreckte Fühler, ob dort eine Habilitation möglich wäre, ergaben ebenfalls eine negative Antwort. Da die Bühlers jedoch mit dem lokalen Ratgeber der *Rockefeller Foundation* bekannt waren, schlugen sie diesem Lazarsfeld für eines der gut dotierten Stipendien vor, die diese amerikanische Stiftung großzügig in Europa verteilte.

Ab September 1933 lebte PFL in New York und bekam die Veränderungen in Österreich nur aus dieser Ferne mit. Noch vor seiner Abreise waren die Autoren von *Marienthal* allerdings übereingekommen, dass es ratsam sei, das Buch ohne Nennung der Namen der Autoren erscheinen zu lassen. Diese hätten die Antisemiten auf den Plan rufen können. So kam das Buch in der Reihe, die Karl Bühler in Jena herausgab, als von der Forschungsstelle verfasste Studie heraus und fand wohlwollende Aufnahme, sogar in amtlichen Veröffentlichungen des Dritten Reichs (Grünewald 1934).

In den USA sollte sich PFL weiterbilden und die neu erworbenen Fähigkeiten seiner alten Heimat nach seiner Rückkehr zugutekommen lassen – so jedenfalls das Reglement der Stiftung. Der bewaffnete Widerstand des Republikanischen Schutzbundes im Februar 1934 fiel genau in den Zeitraum, zu dem die Mitarbeiter der *Rockefeller Foundation* darüber zu entscheiden hatten, ob die Stipendiaten eine Verlängerung erhalten sollten. PFL hätte diese Verlängerung jedenfalls bekommen – da seine stiftungsinterne Karteikarte weit mehr Aktivitäten als bei anderen verzeichnete. Er war auch als Stipendiat gleichsam Vorzugsschüler.

Nach Ende des zweiten Stipendienjahres kam PFL im Sommer 1935 nach Europa zurück (auch weil sein Visum eine Verlängerung des Aufenthalts in den USA ausdrücklich ausschloss). In Wien beantragte er beim amerikanischen Konsulat ein reguläres Einwanderervisum und wies ein Stellenangebot vor, von dem er zu diesem Zeitpunkt aber schon wusste, dass es sich in Luft aufgelöst hatte. Mit ziemlicher Sicherheit erzählte er das während seines Aufenthalts weder seiner Mutter noch Marie Jahoda, der Mutter seiner Tochter Lotte, die 1930 geboren worden war; die Ehe Lazarsfeld-Jahoda war mittlerweile geschieden.

Seine Rückkehr nach New York – auf der *S.S. Majestic* am 1. Oktober 1935 in der billigsten Klasse (Lazarsfeld 1969a; Fleck 2015: 333 ff.) – war dem Buchstaben des Gesetzes nach illegal. Ohne dieses Risiko einzugehen, wäre PFLs Leben anders verlaufen und hätte möglicherweise in einem Nazi-Vernichtungslager sein Ende gefunden.[7] Vor Ort in New York klapperte er all jene ab, von denen er hoffen durfte, ihm bei der Jobsuche behilflich zu sein. Tatsächlich wusste Robert S. Lynd von der *Columbia University* in New York, der PFL während seines früheren Aufenthalts schätzen gelernt hatte, über ein »Rettungsboot« Bescheid und vermittelte PFL an die *New Deal Administration* in New Jersey. Schnell baute PFL seine neue Domäne zu seiner zweiten Forschungsstelle aus, dem *Research Center* an der *Newark University*.

Als er zwei Sommer später wieder nach Wien fuhr, dieses Mal um seine Tochter nach New York zu bringen, konnte er das bereits aus einer halbwegs gesicherten Position tun. Eine andere Abteilung der *Rockefeller Foundation* benötigte einen Forschungsmanager für ein groß dimensioniertes Projekt, das die kulturellen Folgen des neuen Mediums Radio studieren sollte. Die anfänglich für die Position in Erwägung Gezogenen wählten andere Offerten und PFL konnte die Lücke füllen. Das später als *Princeton Radio Research Project* bekannt gewordene mehrjährige und gut dotierte Vorhaben erlaubte es PFL nicht nur, zahlreiche geflüchtete Europäer mit Jobs zu versorgen, sondern etablierte ihn auch als Experten für Medienforschung.

Zeit seines Lebens überwarf PFL sich nie mit Mentoren, nur gegenüber Untergebenen war er weniger rücksichtsvoll. Intakte soziale Beziehungen verhalfen ihm dann 1941 zu seiner ersten regulär bezahlten Anstellung nach seiner Zeit als Wiener Gymnasiallehrer. Er wurde dank Lynds Einsatz zum Associate Professor am Soziologie Department der *Columbia University* und traf dort auf seinen präsumtiven Konkurrenten, den zehn Jahre jüngeren Robert K. Merton, der eine Assistenzprofessur in Manhattan einem Lehrstuhl und Department-Chair an der *Tulane University* in New Orleans vorgezogen hatte. Dem stillschweigenden Plan der zerstrittenen Etablierten des Departments zufolge, sollten die beiden sozusagen gegeneinander antreten und der Sieger jene Full Professor-Stelle bekommen, über deren Besetzung die Altvorderen sich nicht hatten einig werden können. Es kam anders, und die beiden in vielerlei Hinsicht nicht zueinander passenden, neu eingestellten Professoren freundeten sich an und begründeten eine der bemerkenswertesten Kooperation der modernen Sozialwissenschaften (Lazarsfeld 1975a; Lazarsfeld 1975b; Merton 1998).

7 »I would now be dead in a gas chamber of course if I could have become a ›Dozent‹ at the University of Vienna.« (Lazarsfeld 1975a: 18)

Trotz Offerten anderer Universitäten blieb PFL bis zu seiner, damals noch obligatorischen Pensionierung 1969 an der *Columbia University*, wohin er das *Office of Radio Research* als Anhängsel der universitären Forschung mitgebracht hatte. Es wurde in den 1940er Jahren in *Bureau of Applied Social Research* umbenannt und im Jahr nach PFLs Tod geschlossen. Das Bureau war, seine dritte oder vierte Forschungsstelle und wurde zur erfolgreichsten seiner Gründungen.

Werk

Die Bibliografie der Schriften PFLs listet 30 vom ihm verfasste oder mitverfasste Bücher und Editionen auf und auf weiteren 45 eng bedruckten Seiten findet man seine übrigen Veröffentlichungen. Seine Produktivität war zeitweilig so hoch, dass er einige von ihm verfasste Texte unter dem Pseudonym Elias Smith veröffentlichte (Neurath 1988).

Es ist also unmöglich, einen Gesamtüberblick zu geben. In nahezu allen seinen Texten verbindet PFL methodologische Innovationen mit inhaltlichen Ausführungen. In *Marienthal* begegnet man innovativen Wegen des Herausfindens von sozialen Tatbeständen und der Deutung von Zusammenhängen. Für ersteres kann man an die von Zeisel vorgebrachte Idee denken, die Gehgeschwindigkeit zu beobachten, um die um sich greifende Apathie zu ›messen‹. Tatsächlich gingen die Frauen schneller als die Männer – die Erklärung dafür liegt im Umstand der Haushaltsführung, die in dem Arbeiterdorf Sache der Frauen blieb; sie hatten also Grund nach Hause zu eilen, während die arbeitslosen Männer herumlungerten. Ähnlich werden die Haltungstypen – also die variierende Reaktion auf langdauernde Arbeitslosigkeit – nicht wortreich beschrieben, sondern entlang von beobachtbaren Unterschieden der Haushaltsführung erläutert.[8] Kinder aus Haushalten der apathischen und der verzweifelten Bevölkerung bringen eine kargere Jause mit in die Schule und ihre »Wünsche ans Christkind« kosten weniger. PFL regte während seines Stipendienaufenthalts in den USA eine Übersetzung

8 Von »ungebrochen« über »resigniert«, »apathisch« bis »verzweifelt« erstreckt sich das Kontinuum des sukzessiven Abstiegs jener, die langdauernder Arbeitslosigkeit unterworfen sind.

an, die letztlich nicht gedruckt wurde, aber als Typoskript zirkulierte.[9] Monate verwandte er darauf, die in Marienthal angewandte Methodologie nachträglich zu rekonstruieren. Sein 1934 geschriebener Aufsatz wurde damals von zwei Zeitschriften nicht akzeptiert und blieb dann 30 Jahre in der Schreibtischlade liegen, ehe er das Manuskript einer seiner damaligen Studentinnen in die Hand drückte – vielleicht könne sie damit etwas anfangen.[10]

Die Genealogie der Haltungstypen von *Marienthal* ist nicht erforscht, PFLs Interesse an der Logik der Typenbildung wurde allerdings spätestens damals geweckt. In einer umfangreichen Buchbesprechung entwickelt er seine Strategie der Typenbildung, die im Wesentlichen darin besteht, dass man einen Merkmalsraum aufspannt, dessen Variablen in dichotomer Weise definiert werden, und dann eine 4- bis 16-Felder-Tafel überblicken kann. Also beispielweise Männer und Frauen; Einwanderer und Heimische, Weiße und PoC, mehr und weniger Gebildete. Mit »freiem Auge« sieht man – noch ehe man reale Daten bemüht – dass manche der Kombinationen weniger stark als andere besetzt sein werden. Daher könne man durch Zusammenfassungen den realen zu analysierenden Merkmalsraum reduzieren (Lazarsfeld 2007b).

Solche Bemühungen zur Vereinfachung der Datenanalyse hatten aber nicht nur abstrakte methodologische Gründe, sondern auch banale maschinelle. Damals verfügten Soziologen noch über keine elektronischen Rechenmaschinen, sondern mussten alle Berechnungen händisch durchführen und als die ersten Großrechenanlagen zur Verfügung standen, begrenzten die Festigkeit der Lochkarten und die Rechnerkapazität die Zahl der explorierend vorgenommenen Berechnungsrunden. Was PFL angesichts heutiger Möglichkeiten explorativer Datenanalyse tun würde, ist eine attraktive Übung in historischer Spekulation, die hier nicht ausgeführt werden kann.

Zu den breit rezipierten Durchbrüchen PFLs zählen in den USA die Forschungen über Präsidentenwahlen, die in drei Büchern präsentiert wurden (Lazarsfeld, Berelson, Gaudet 2021; Katz, Lazarsfeld 2017; Berelson, Lazarsfeld, McPhee 1986). Dabei entdeckten beziehungsweise entwarfen

9 George A. Lundberg, Columbia University, berichtet Lazarsfeld am 18. Oktober 1934, dass die in Washington angefertigte Übersetzung fertig sei, und E. Wright Bakke, Yale University, teilt ihm am 25. Januar 1935 mit, dass seine Sekretärin eine Übersetzung des Anhangs hergestellt habe (Fleck 2015: 351 f., FN 46). Die Übersetzung wurde im Rahmen von FERA (Federal Emergency Relief Administration) vermutlich von beschäftigungslosen Akademikern durchgeführt.

10 Erstmals nun gedruckt in Lazarsfeld (2007: 264 ff.).

PFL und sein Team bis heute relevante Einsichten über die Meinungsbildung: Botschaften, die in Medien (damals Zeitungen, Zeitschriften, Radio) verbreitet werden, wirken nicht direkt auf die Leserschaft, sondern bedürfen einer vermittelnden Instanz, der *opinion leaders*. Seither planten Wahlkämpfer ihre Kampagnen anders.

Diese zum Vorbild werdenden Untersuchungen und die lange Zeit als Lehrbücher benutzten Textsammlungen zur empirischen Sozialforschung (Lazarsfeld, Rosenberg 1955; Lazarsfeld, Pasanella, Rosenberg 1972) machten PFL Anfang der 1950er Jahre zum Begründer von *empirical social research* – eine seiner gelungenen Wortschöpfungen – und zu einem Mitglied der Super-Elite der US-Soziologie (Korom 2020a).

Eines der Instrumente, deren sich PFL bediente, ist die grafische Darstellung. Dabei benutzte er Linien, Pfeile und Rechtecke, um theoretische Zusammenhänge zu illustrieren, die bei einer bloß verbalen Darstellung schwerer verständlich wären. In Grafik 1 findet man seine Ausführungen über die Entstehung von Motiven passenderweise direkt im Text platziert. Das zweite Beispiel hebt durch hypothetische Linien (*tracelines*) Zusammenhänge hervor (Grafik 2)

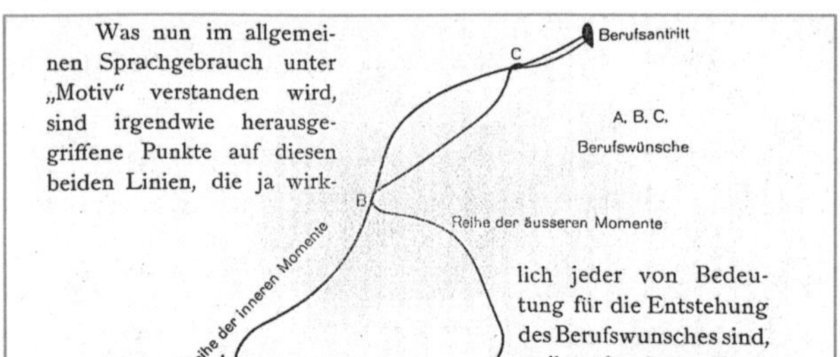

Grafik 1, Quelle: Lazarsfeld 1931: 26

Erläuterung: PFL argumentiert, dass Berufswünsche aus dem Zusammentreffen von inneren und äußeren Momenten entstehen und beide Linien sich bis zum Berufsantritt annähern.

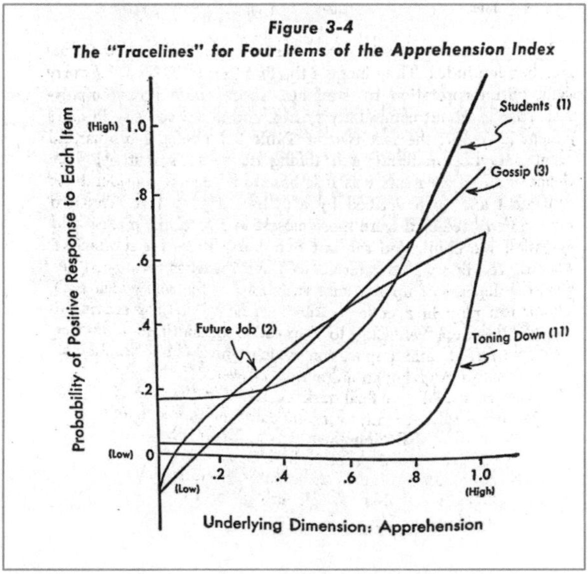

Grafik 2, Quelle: Lazarsfeld, Thielens 1958: 82

Erläuterung: Die Autoren argumentieren, dass die latente Dimension der Besorgtheit (apprehension) bei verschiedenen Fragen unterschiedliche Verläufe (tracelines) aufweisen kann. Beispielsweise ist die Angst vor den Studenten schon lange vor irgendeiner Sorge über die Auswirkungen des Meinungsklimas hoch, während Änderungen an der eigenen Schreibweise (toning down) erst bei sehr deutlich negativem Meinungsklima eintreten.

In einer seiner letzten großen Studien (Lazarsfeld, Thielens 1958) befasste er sich mit den Auswirkungen der Kommunistenjagd, die sich in den USA im Jahrzehnt nach Ende des Zweiten Weltkriegs breit machte und zumeist verkürzt und irreführend als McCarthy-Ära bezeichnet wird.[11] Damals herrschte in weiten Kreisen ängstliche Sorge davor, herausgepickt und vor irgendeinem Ausschuss für unamerikanische Umtriebe bloß gestellt zu werden. Initiiert und finanziert von besorgten Liberalen übernahm es PFL, den akademischen Lehrkörper der Sozialwissenschaften daraufhin zu untersuchen, welche Auswirkungen die Stimmung habe. Als das Buch erschien,

11 Schrecker (1994), Thielens (1996). Zur Aktualität der damaligen Studie und vergleichbaren Stimmungen heute: Tiede (2017).

anders als bei anderen Publikationen PFLs ohne große Verzögerung,[12] ließ die Stimmung schon nach. Dennoch formulierte PFL mit allergrößter Zurückhaltung; im Vorfeld hatte er alles unternommen, um nicht in irgendeines der offenen Messer möglicher Gegner zu laufen. Was er herausfand, war aber unzweideutig: Personen, die eigentlich nichts zu befürchten hätten, reagierten übervorsichtig; Professoren kleiner und exponierter Universitäten und Colleges waren stärker bedroht als Angehörige der *Ivy-League* (Tiede 2022).

Wirkung

Was bleibt von PFL ein halbes Jahrhundert nach seinem Tod? Materiell eine Menge Texte, die man teils immer noch mit Gewinn lesen kann, auch wenn PFLs Sprache spröde ist, die Texte keine funkelnden Formulierungen enthalten und selten Hinweise zu finden sind, was die Leserschaft denn nun tun müsse oder solle. Mit anderen Worten: angesichts der grassierenden Neigung zur überredenden und unterhaltenden Rede und Schreibe keine sehr guten Aussichten auf eine künftig wachsende Leserschaft.

Akademische Lehrer und Lehrerinnen könnten aus der Praxis von PFL einiges lernen. Zum Glück sind keine Bild- und Ton-Aufzeichnungen von Vorlesungen PFLs erhalten geblieben (zumindest begegnete ich noch keinen), sodass man seine mangelnde Fähigkeit zum geschliffenen und überzeugenden Vortrag sich nicht zu Gemüte führen muss, geschweige denn im Hörsaal sitzend erleiden müsste. Ganz im Gegensatz zu seinem Freund und Kollegen Merton, der seine Auftritte im Hörsaal nach übereinstimmenden Berichten ehemaliger Studierender bis ins kleinste Detail vorbereitete (wozu ihm sicherlich zur Hilfe kam, dass er sich in jungen Jahren als Zauberer versucht hatte[13]), brillierte PFL angesichts von Zahlen und Tabellen, denen er, rascher und treffsicherer als alle anderen, Sinn abgewinnen konnte (Lazarsfeld 1975a).

12 Einer mahnenden Schreiberin, die ihn an den lang überzogenen Abgabetermin erinnerte, antwortete PFL einmal, dass er nicht wegen der Einhaltung von Abgabeterminen berühmt werde.

13 Brillante Präsentatoren können ihr Publikum so stark in ihren Bann ziehen, dass die Zuhörer:innen vergessen, was ihnen denn eigentlich mitgeteilt werden wollte. Einer der früheren Merton-Studenten berichtet, dass er, der die Vorlesung eben versäumt habe, einen aus dem Hörsaal kommenden Kommilitonen fragte, was der denn heute gesagt habe, und bekam zur Antwort »Oh, he said people play social roles.« (Caplovitz 1977: 142).

Hinzu kommt, dass PFLs Englisch bis zum Ende mit heftigem Akzent versehen war, was er am Beginn öffentlicher Vorträge gerne mit dem Hinweis zu neutralisieren versuchte, man höre ja, dass er nicht mit der Mayflower gekommen sei.[14]

Wichtiger als Bühnenauftritte waren für PFL die Hinterbühnen empirischer Sozialforschung. Mit Merton führte er regelmäßig stundenlange Gespräche über ihre Studierenden,[15] um herauszufinden, wer was am besten könne. Die leider nicht einmal virtuell existierende Galerie würde jedenfalls mehrere Dutzend Namen umfassen, die wesentliche Prägungen durch PFL und RKM erfuhren. Im Vergleich mit anderen Mitgliedern der Super-Elite der Soziologie der zweiten Hälfte des 20. Jahrhunderts platzierten die beiden Columbia-Soziologen deutlich mehr ihrer Schüler:innen in den US-Universitäten, was Anlass gibt, einen kausalen Zusammenhang anzunehmen (Korom 2020b).

PFL war aber nicht nur ein Impressario für Auszubildende, sondern auch jemand, der früh bemerkte, dass Institutionen eigene Ambitionen zu unterstützen vermögen, und sei es nur, weil »Wirtschaftspsychologische Forschungsstelle« pompöser klingt als (damals) »Paul Lazarsfeld«. Die Gründungen, an denen er direkt und sozusagen als Erst-Gründer beteiligt war, belegen das ebenso wie die Institutionen, die vor allem in Europa dank seiner Hilfe und Vermittlertätigkeit entstanden. Nicht in jedem Fall führte das zur Eröffnung einer Firma, in manchen Fällen genügte es, dass einige wenige Eleven zeitweilig unter die intellektuellen Fittiche genommen wurden. Das gilt beispielsweise für PFLs kurze Gastprofessur in Oslo, die langfristig die dortige Auffassung von Soziologie formte (Thue 2006). In ähnlicher Weise scheint es Teil der Markteroberungsstrategie der beiden Oberhäupter der Columbia-Soziologie gewesen zu sein, so etwas wie Generalimporteure auszuwählen, zu instruieren und zu betreuen: In Frankreich, Italien und Israel gab es Importeure der Columbia-Soziologie, während weder für Deutschland noch Österreich vergleichbar erfolgreiches Franchising berichtet

14 Im Interview mit Erich Schenk wurde er am Ende des Gesprächs aufgefordert, nun doch noch ein paar Sätze auf Englisch zu sprechen (Lazarsfeld 1969b).

15 Dabei tauschten sie sich *nicht* über die Studentinnen aus, denen beide mit großer Hingabe den Hof machten. Die allgemein bekannte obsessive Neigung beider zu Liebschaften mit Studentinnen ist aus heutiger Perspektive irritierend; man kann PFL und RKM allenfalls zugutehalten, dass sie ihre Geliebten nachhaltig in deren Karrieren förderten (Fleck 2021).

werden kann.[16] Das funktionierte in den 1950er und 60er Jahren sogar über den Eisernen Vorhang hinweg. PFL eroberte Polen und RKM erzielte Erfolge in der UdSSR.[17]

Bei den meisten der von PFL befürworteten oder beförderten Neugründungen war das Ergebnis letztlich etwas anderes als das, was ihm anfangs vorschwebte. Prototypisch gilt das für das Institut für Höhere Studien (IHS) in Wien, das nicht die von PFL imaginierte mitteleuropäische Drehscheibe wurde. Trotzdem kam er bis zum Ende seines Lebens gerne nach Wien, wohl auch, weil Besuche der Staatsoper und im Musikverein ihn die darbenden österreichischen Sozialwissenschaften vergessen lassen konnten:

»No brains, no initiative, no collaboration. Someone should make a study to find out how a country can be intellectually so dead, and at the same time have such wonderful musical festivals. […] A paranoid element of mutual distrust is characteristic of today‹s personal relations among the Austrians.« (Lazarsfeld 1959, zitiert in Fleck 2002: 202)

Das seit den Tagen der Wiener Mittelschülerorganisation anhaltende Interesse an der Förderung talentierter Jüngerer übersetzte sich bei PFL aber nicht in eine Unterwürfigkeit gegenüber der nächsten Generation. Ganz im Gegenteil, er war zwar persönlich charmant und freundlich zu Jüngeren, forderte aber von ihnen zu akzeptieren, dass sie noch Auszubildende sind. In einem späten Interview sagte er dazu pointiert:

»Except for young Einsteins, (which I understand are quite rare and where you best wait on what they want to do), I am sorry to say that the Lord has given few people a calling, and they probably in the long run develop better if for four or five years they have been told what to do and have been apprentices, rather than to follow this mystique that every twenty-year-old (I don't want to offend anyone) graduate student has in his soul an assignment to which he must devote himself, and the fiction that it is terrible to be told what to do. If the graduate professor doesn't tell the student what to do, then some cousin tells him by coincidence.« (Stehr 1982: 154)

Mir scheint, dass PFL die mögliche Rache jener, deren Genie er ihnen absprach, nicht sah oder sehen wollte. Am Beispiel zweier, in ihren Augen von PFL schlecht behandelter Genies sei das illustriert. Der deutsche Philosoph Theodor W. Adorno saß in den 1930er Jahren in Oxford fest, von wo er

16 Ein valides Maß ist die Analyse der Ko-Autorenschaften PFLs, der häufiger als Merton gemeinsam mit anderen publizierte. Zu seinen Ko-Autor:innen zählen keine Personen mit deutschen oder österreichischen Adressen.

17 Bemerkenswert ist, dass PFLs Rezeption östlich der Elbe oftmals den Methodologen in den Vordergrund schob, weil dieser Import ideologisch weniger problematisch war. Vgl. Jerábek, Soukup (2008).

unbedingt an die Seite seines bewunderten älteren Kollegen Max Horkheimer nach New York wechseln wollte. Horkheimer gab schließlich nach und bat PFL, Adorno doch in seinem neuen Radio-Projekt zu beschäftigten. Adorno, der bis dahin überhaupt keine Erfahrungen mit sozialwissenschaftlicher empirischer Forschung hatte, wusste dennoch vom ersten Tag an, wer recht hatte und was getan werden sollte, um die musikalische Präsentation und Rezeption seriöser Musik im Radio nicht zu evaluieren, sondern sie mittels kritischer Theorie als Teil der Kulturindustrie bloßzustellen. Wiewohl PFL versuchte Adorno im Projektteam zu halten, erklärten die Geldgeber der *Rockefeller Foundation*, kein Interesse an diesem deutschen Philosophen zu haben (Fleck 2007: 264 ff.). Sei es aus schlechtem Gewissen oder welchen Motiven auch sonst, Mitte der 1960er Jahre, als der Name Adorno in den USA noch kaum jemandem etwas sagte, empfahl PFL seinem Schwiegersohn Bernard Bailyn Adorno als Autor eines Beitrags für einen Sammelband, der die Exilforschung nachhaltig beeinflusste: »The Intellectual Migration: Europe and America, 1930–1960« (Fleming, Bailyn 1969). Der Beitrag, den Adorno – natürlich auf Deutsch geschrieben – nach Harvard sandte, enthielt dann die einseitige aber nachhaltige Darstellung seiner Kooperation mit PFL. Nachdem sie 1968 erstmals auf Englisch erschienen war – eine Veröffentlichung des deutschen Originals kam im Jahr darauf heraus –, fand sie ein geneigtes Publikum unter jenen, die mit den rebellierenden Studierenden sympathisierten und »Soziologie im Dienst des Kapitals« mit jakobinischem Eifer bekämpften.[18] PFL blieb Adorno bis zu dessen Ableben im Jahr nach dem Erscheinen von »Scientific Experiences of a European Scholar« freundlich verbunden.

Das andere Genie, dem PFL gleichsam auf die Zehen trat und das sich heftig zur Wehr setzte, war C. Wright Mills. Der aufstrebende junge Mann wollte unbedingt nach New York und PFL und RKM examinierten ihn im Januar 1945 während eines langen Abendessens im *Russian Tea Room*. Zufrieden berichtete Mills anderntags seinen Eltern in Texas:

»It was great fun talking to these guys. I had no idea what they wanted to pay, but they started throwing money around, spent $20 on a dinner for three of us, and all that. After they had laid out the job and said: ›Well, that's it; we want you. Will you come?‹ I said (holding myself in with bursting joy at the whole idea; Christ I'd go for food and shelter) anyway I kept the face immobile and just said, ›For how much?‹ They wouldn't say, but replied, ›You know what you're worth, name it.‹ To which

18 Die frühen Veröffentlichungen über PFL waren dem Geist von 1968 verpflichtet: Gitlin (1978), Morrison (1978), Pollak (1979).

little Charlie said very quietly, ›I won't charge you that much, but I couldn't think of it in terms less than $4,500.‹ Immediately the guy said, ›Then your beginning salary will be $5,000‹, to which the appropriate reply was: ›That is closer to what I'm worth.‹ And everybody laughed and felt good. (My salary at Maryland is still just $3,000.)« (Mills, Mills 2000: 84)

Mills erster Job im mittleren Forschungs-Management des *Bureau of Applied Social Research* bestand in der Leitung der Feldabteilung der Studie, die dann unter dem nicht-anonymisierten Ortsnamen Decatur in die Literatur eingehen sollte (Katz, Lazarsfeld 2017). Im Anschluss sollte Mills den Endbericht schreiben, der ihm Mal für Mal misslang. Reichlich undiplomatisch herrschte PFL ihn nach einer Präsentation an: »So that's what you spent all my money on.« (Summers 2006: 31; s.a. Katz 2017) Das war schon in den 1940er Jahren keine mehrheitsfähige Formulierung. Jedenfalls verließ Mills wenig später das Bureau und blieb im College der *Columbia University* als Professor tätig. Zehn Jahr später rächte er sich mit »The Sociological Imagination«, als er in seiner polemischen Abrechnung (Mills 1959) PFL wählte, um »abstracted empiricism« bloßzustellen. PFL ein zu hohes Maß an Abstraktion zu unterstellen, grenzt an Chuzpe; doch Mills' Saat ging auf.

Trotz ihrer tiefgehenden Meinungsverschiedenheiten wäre es irreführend, PFL als den »Erbsenzähler« und Mills als kritischen Theoretiker zu sehen. In dem Interview, das Joan Gordon und Daniel Bell mit PFL 1961 führten, äußerte er sich zwei Jahre nach Erscheinen von Mills' Buch und ein halbes Jahr nach dessen frühem Tod sehr freundlich über seinen Fundamentalkritiker:

»You know, my attitude to Mills' books is the reverse of what Voltaire is supposed to have said to someone – ›I disagree with every word you say, but I would fight to the end for your right to say it.‹ I agree with every word Mills says, but I find it contemptible, disreputable, that he says it. You see? You don't mix up – you don't confuse people by telling them, if they are sociologists they should worry about the future of the world. They can't do that. If they want to worry about the future of the world 24 hours a day, then they should become union organizers […] But for the moment, those two affairs either have to be kept separate or one of them has to be deserted. To believe that you can contribute anything to the wellbeing of the world by doing a piece of social research I find just stupid.« (Lazarsfeld 1961: 149 f.).[19]

19 In einem Band mit 21 »historical and critical essays«, nahm PFL auch drei Texte von ihm dort so genannter *expert witnesses* auf; neben James Coleman und Raymond Boudon auch C. Wright Mills' Kapitel »Abstracted Empiricism« (Lazarsfeld 1972b).

Hier klingt schon an, was PFL zwei Jahrzehnte später in aphoristischer Weise auf den Punkt bringt, um sein Verständnis der Trennung von Sozialforschung und politischem Engagement zu verteidigen: »At one speech I said that I didn't agree with some colleagues because I considered myself a Marxist on leave of absence, and someone boomed out from the audience, ›Who gave you leave?‹« (Stehr 1982: 152).

Alle Bekundungen seiner Nähe zu dem, was sich noch zu Lebzeiten PFLs als Kritische Theorie kristallisieren sollte (Lazarsfeld 1972a: 107 ff.), halfen ihm nicht. Die von ihm selbst geprägte Gegenüberstellung von »administrative research« und »kritischer Kommunikationsforschung« (Lazarsfeld 2007), die keineswegs abwertend gemeint war, wurde im Zeitalter des Antipositivismus dann gegen ihn gewendet; hätte er andere Begriffe gewählt, beispielsweise evidenzbasierte versus spekulative Kommunikationsforschung, hätten seine Kritiker zumindest begrifflich sich etwas einfallen lassen müssen – so konnten sie ihn gegen sich zitieren. Es blieb Adorno überlassen, der »gesamten Sphäre des von Paul F. Lazarsfeld so genannten administrative research« dann nicht nur Kapitalhörigkeit, sondern auch noch Faschismusnähe zu attestieren:

> »Administrative research ist der Prototyp einer Sozialwissenschaft, die sich auf die szientistische Wissenschaftstheorie stützt und die dieser wiederum vor Augen steht. So wie, gesellschaftlich-inhaltlich, politische Apathie als Politikum sich erweist, verhält es sich mit der gepriesenen wissenschaftlichen Neutralität. Seit Pareto arrangiert sich positivistische Skepsis mit je bestehender Macht, auch der Mussolinis.« (Adorno 1969: 39)

Eine der letzten von PFL durchgeführten Studien kann man als Lackmus-Test für das Ausmaß seiner Auftraggeber freundlichen Sozialforschung heranziehen. Philipp Morris, einer der großen US-Zigarettenhersteller, trat an PFL heran, um eine Studie über die Motive derer, die mit dem Rauchen aufzuhören liebäugelten, in Auftrag zu geben. Gemeinsam mit anderen wohlbestallten Professoren entwarf er das Design einer Studie, rekrutierte eine Mitarbeiterin zur Durchführung der offenen Interviews und leitete sie an, den Bericht zu verfassen. Keines der dort berichteten Ergebnisse war geeignet, Philipp Morris Verkäufe zu vermehren. Das ansehnliche Honorar plus Präsentation auf einer Tagung in einem karibischen Ressort hatte PFL nicht dazu gebracht, dem Auftraggeber willfährig zu begegnen (Lazarsfeld 1973; Fleck 2013 für weitere Details).

Hätte PFL aus seinen Tagen als Kabarettist in Wien ein bisschen mehr in Erinnerung behalten, wäre ihm vielleicht die eine oder andere Tollpatschigkeit erspart geblieben. Vom Kabarett kann man lernen, dass nicht jeder Witz, der auf der Bühne gemacht wird, im Publikum so aufgenommen wird, wie sich das der Künstler gedacht hat. Die Kabarettbühne erlaubt es fähigen Darstellern, spontan Anpassungen vorzunehmen. Akademische Darsteller haben eher selten einen direkten Draht zu ihrem Publikum und dessen Reaktionen. Fühlt man sich dann auch noch als akzentbeladener Neuankömmling und paradigmatischer Außenseiter – es gibt mehr als einen Hinweisgeber, der PFL so schildert (Clark 1998; Merton 1998) – dann verwundert es nicht mehr, dass der ehemalige Wiener in New York zwar Strippen ziehen konnte und wollte, aber seine öffentliche Persona eher rar machte.

Die dem Wiener Schmäh eigene Fähigkeit und Neigung zur Ironie, zur Mehrdeutigkeit des Gesendeten und des Empfangenen half PFL die Wirkung der Massenmedien und jene der politischen Botschaften zu begreifen, er selber benutzte seine diesbezüglichen Fertigkeiten bemerkenswerterweise nur in privater Kommunikation und vor beziehungsweise außerhalb von Veröffentlichungen. Diese Abstinenz war wohl dem Umstand geschuldet, dass er bei echten Amerikanern keine vergleichbaren Praktiken beobachten konnte und zugunsten erfolgreicher Assimilation auf den Kulturtransfer des Wiener Schmähs verzichtete.

Literatur

Adler, Friedrich 1967: Friedrich Adler vor dem Ausnahmegericht. 18. und 19. Mai 1917, herausgegeben von Johann Wolfgang Brügel, Wien: Europa Verlag.

Adorno, Theodor W. 1969: Einleitung. In Theodor W. Adorno / Hans Albert / Ralf Dahrendorf / Jürgen Habermas / Harald Pilot / Karl R. Popper, Der Positivismusstreit in der deutschen Soziologie. Neuwied: Luchterhand, 7–79.

Berelson, Bernard / Lazarsfeld, Paul F. / McPhee, William N. 1986 [1954]: Voting: A study of opinion formation in a presidential campaign. Chicago: University of Chicago Press.

Caplovitz, David 1977: Review of The Idea of Social Structure: Papers in Honor of Robert K. Merton. Contemporary Sociology, vol. 6, no. 2, 142–150.

Clark, Terry N. 1998: Paul Lazarsfeld and the Columbia Sociology Machine. In Jacques Lautman / Bernard-Pierre Lécuyer (eds.) Paul Lazarsfeld (1901–1976). La sociologie de Vienne à New York. Paris: L'Harmattan, 289–360.

Fleck, Christian 2002: »No Brains, No Initiative, No Collaboration«: The Austrian Case. International Sociology, vol. 17, no. 2, 199–211.

Fleck, Christian 2007: Transatlantische Bereicherungen. Zur Entstehung empirischer Sozialforschung. Frankfurt am Main: Suhrkamp.

Fleck, Christian 2013: Paul F. Lazarsfeld im Dienste von Philip Morris. In Franz Kolland / Karl H. Müller (Hg.), Alter und Gesellschaft im Umbruch. Festschrift für Anton Amann. Wien: edition echoraum, 185–197.

Fleck, Christian 2015: Etablierung in der Fremde: Vertriebene Wissenschaftler in den USA nach 1933. Frankfurt am Main: Campus.

Fleck, Christian 2021: Lazarsfeld's wives, or: what happened to women sociologists in the twentieth century. International Review of Sociology, vol. 31, no. 1, 49–71, doi: 10.1080/03906701.2021.1926672.

Fleck, Christian 2023: Paul F. Lazarsfeld. Oxford Bibliographies: Communication. doi: 10.1093/OBO/9780199756841-0272.

Fleming, Donald / Bailyn, Bernard (eds.) 1969: The Intellectual Migration: Europe and America, 1930–1960. Cambridge: Belknap Press of Harvard University Press.

Gitlin, Todd 1978: Media Sociology: The Dominant Paradigm. Theory and Society vol. 6, no. 2, 205–253.

Grünewald, Alexander 1934: Rezension von Die Arbeitslosen von Marienthal. Reichsarbeitsblatt. Amtsblatt des Reichsarbeitsministeriums, des Reichsversicherungsamts und der Reichsversicherungsanstalt für Angestellte. II: Nichtamtlicher Teil, Berlin, 15. Jg., Nr. 1, 11–12.

Jerábek, Hynek / Soukup, Petr (eds.) 2008: Advanced Lazarsfeldian methodology. Prague: Karolinum Press of Charles University.

Katz, Elihu 2017: Introduction to the Transaction Edition. In Elihu Katz /Paul F. Lazarsfeld, Personal Influence: The Part Played by People in the Flow of Mass Communications. Milton Park: Routledge, xv–xxvii.

Katz, Elihu / Lazarsfeld, Paul F. 2017 [1955]: Personal influence: The part played by people in the flow of mass communications. Milton Park: Routledge

Korom, Philipp 2020a: The Prestige Elite in Sociology: Toward a Collective Biography of the Most Cited Scholars (1970–2010), The Sociological Quarterly, vol. 61, no. 1, 128–163.

Korom, Philipp 2020b: Der talentierte Briefeschreiber Robert K. Merton als einflussreicher Gate-Opener: Eine Analyse von 1460 Empfehlungsschreiben. Zeitschrift für Soziologie, 49. Jg., Heft 4, 249–264.

Lazarsfeld, Paul F. 1929: Statistisches Praktikum für Psychologen und Lehrer. Jena: G. Fischer.

Lazarsfeld, Paul F. 1931: Die Ergebnisse über die Aussichten der Untersuchungen über Jugend und Beruf. In Paul F. Lazarsfeld, Jugend und Beruf. Material und Kritik. Jena: G. Fischer, 1-87.

Lazarsfeld, Paul F. 1959: Letter to Shepard Stone, 29 June, Paul F. Lazarsfeld Papers, Columbia University Libraries, Rare Book and Manuscript Library, Box 32, folder 4.

Lazarsfeld, Paul F. 1961: Reminiscences of Paul Felix Lazarsfeld, Interviewed by Joan Gordon on November 29, 1961, Columbia Center for Oral History, Rare Book and Manuscript Library, Columbia University Libraries.

Lazarsfeld, Paul F. 1969a: An Episode in the History of Social Research. In Donald Fleming / Bernard Bailyn (eds.), The Intellectual Migration: Europe and America, 1930–1960. Cambridge: Belknap Press of Harvard University Press, 270–337.

Lazarsfeld, Paul F. 1969b: Interview mit Erich Schenk. Österreichische Mediathek, audiovisuelles Archiv. Signatur 99-69079_k02. www.mediathek.at.

Lazarsfeld, Paul F. 1972a: Soziologie: Hauptströmungen der sozialwissenschaftlichen Forschung. Herausgegeben von der UNESCO. Frankfurt am Main: Ullstein.

Lazarsfeld, Paul F. 1972b: Qualitative Analysis: Historical and Critical Essays. Boston: Allyn & Bacon.

Lazarsfeld, Paul F. 1973: The Social Sciences and the Smoking Problem. In William L. Dunn Jr., (ed.), Smoking Behavior: Motives and Incentives. Washington, D.C.: V.H. Winston, 283–286.

Lazarsfeld, Paul F. 1975a: Oral History Interview by Ann K. Pasanella, Feb. 21, March 12, April 12, 19, 1975, New York Public Library – American Jewish Committee Oral History Collection.

Lazarsfeld, Paul F. 1975b: Working with Merton. In Lewis A. Coser (ed.), The Idea of Social Structure. Papers in Honor of Robert K. Merton. New York: Harcourt Brace Jovanovich, 35–66.

Lazarsfeld, Paul F. 2007a [1934]: Prinzipielles zur Soziographie. In Christian Fleck / Nico Stehr (Hg.) Paul F. Lazarsfeld, Empirische Analyse des Handelns. Ausgewählte Schriften. Frankfurt am Main: Suhrkamp, 264–289.

Lazarsfeld, Paul F. 2007b [1937]: Zur Verwendung von Typen in der empirischen Sozialforschung. In Christian Fleck / Nico Stehr (Hg.), Paul F. Lazarsfeld, Empirische Analyse des Handelns. Ausgewählte Schriften. Frankfurt am Main: Suhrkamp, 344–368.

Lazarsfeld, Paul F. / Berelson, Bernard / Gaudet, Hazel 2021 [1948]: The people's choice: How the voter makes up his mind in a presidential campaign. New York: Columbia University Press.

Lazarsfeld, Paul F. / Pasanella, Ann K. / Rosenberg, Morris (eds.) 1972: Continuities in the Language of Social Research. New York: Free Press.

Lazarsfeld, Paul F. / Rosenberg, Morris (eds.) 1955: The Language of Social Research: A Reader in the Methodology of Social Research. Glencoe: Free Press

Lazarsfeld, Paul F. / Thielens Jr., Wagner 1958: The Academic Mind. Social Scientists in a Time of Crisis, Glencoe: Free Press.

Lazarsfeld, Paul F. / Wagner, Ludwig 1924: Gemeinschaftserziehung durch Erziehergemeinschaften. Bericht über einen Beitrag der Jugendbewegung zur Sozialpädagogik. Leipzig-Wien: Anzengruber.

Lazarsfeld-Jahoda, Marie / Zeisl, Hans 1933: Die Arbeitslosen von Marienthal. Ein soziographischer Versuch über die Wirkungen langdauernder Arbeitslosigkeit, mit einem Anhang zur Geschichte der Soziographie, bearbeitet und hrsg. von der Österreichischen Wirtschaftspsychologischen Forschungsstelle. Leipzig: Hirzel.

Merton, Robert K. 1998: Working with Lazarsfeld: Notes and Contexts. In Jacques Lautman / Bernard-Pierre Lécuyer (eds.), Paul Lazarsfeld (1901–1976). La sociologie de Vienne à New York. Paris: L'Harmattan, 163–211.

Mills, C. Wright 1959: The sociological imagination. New York: Oxford University Press.

Mills, Kathryn / Mills, Pamela (eds.) 2000: C. Wright Mills. Letters and Autobiographical Writings. Berkeley: University of California Press.

Morrison, David E. 1978: Kultur and Culture: The Case of Theodor W. Adorno and Paul F. Lazarsfeld. Social Research, vol. 45, no. 2, 331–355.

Neurath, Paul M. 1988: Die veröffentlichten und nicht veröffentlichten Schriften von Paul F. Lazarsfeld (1901–1976). Eine nach Hauptthemen geordnete Gesamtbibliographie. Wisdom, 2. Jg., Heft 1, 6–64.

Pollak, Michael 1979: Paul F. Lazarsfeld, fondateur d'une multinationale scientifique. Actes de la recherche en sciences sociales, vol. 25, no. 1, 45–59.

Scheer, Tamara 2010. Die Ringstraßenfront. Österreich-Ungarn, das Kriegsüberwachungsamt und der Ausnahmezustand während des Ersten Weltkrieges, Wien: Heeresgeschichtliches Museum.

Scheu, Friedrich 1985: Ein Band der Freundschaft. Schwarzwald-Kreis und die Entstehung der Vereinigung Sozialistischer Mittelschüler. Wien: Böhlau.

Schrecker, Ellen 1994: The Age of McCarthyism: A Brief History with Documents. Boston: Bedford Books of St. Martin's Press.

Stehr, Nico 1982: A Conversation with Paul F. Lazarsfeld. The American Sociologist, vol. 17, no. 3, 150–155.

Summers, John H. 2006: Perpetual Revelations. C. Wright Mills and Paul Lazarsfeld. Annals of the American Academy of Political and Social Science, vol. 608, no. 1, 25–40.

Taschwer, Klaus 2015: Hochburg des Antisemitismus. Der Niedergang der Universität Wien in der ersten Hälfte des 20. Jahrhunderts. Wien: Czernin.

Thielens, Wagner 1996: Why Wasn't the Damage Worse? Some Answers from The Academic Mind. William Mitchell Law Review, vol. 22, no. 2, article 5.

Thue, Fredrik W. 2006: The Quest of a Democratic Social Order: The Americanization of Norwegian Social Scholarship 1918–1970. Oslo: Det Humanistiske Fakultet, Universitetet I Oslo.

Tiede, Hans Joerg 2017: Exhuming McCarthy (meet me at the book burning). Academe, vol. 103, no. 5, 15-19.

Tiede, Hans Joerg 2022: Lazarsfeld's Legacy. Paul Lazarsfeld and the Limited Effect of McCarthyism on the Academic Mind. International Journal of Communication, vol. 16, no. 9, 646–654.

Soziologie, 52. Jg., Heft 3, 2023, S. 302–329

Symposion

Soziologische Perspektiven zu Osteuropa, Teil 1

Jenseits des Postsowjetismus: Zur Rolle der Soziologie in der (Ost-)Europaforschung

Susann Worschech

Es war ein Aufsatz, der es soziologisch in sich hatte: über Identität, Kultur und Zugehörigkeit; über gemeinsam geteilte oder nicht geteilte Interpretationen; über historische und zeitgenössische Narrative von Revolution und politischer Gewalt; über Rollen, Skripte und ihre Umsetzung, schließlich über Transformation, Krise, Macht und alle Fragen der politischen Soziologie. Der am 12. Juli 2021 auf der Internetseite des Präsidenten der Russländischen Föderation veröffentlichte Text mit dem Titel »Über die historische Einheit der Russen und der Ukrainer«, als dessen Autor Wladimir Putin firmiert, steckt voller soziologisch relevanter Konzepte und hat, wie wir heute wissen, als ideologische Wegmarke zu Russlands Vollinvasion[1] in der Ukraine die Welt, wie wir sie kannten, verändert (Putin 2021). Der Text selbst besteht aus einer historischen Abhandlung im ersten und einem politischen Pamphlet im zweiten Teil und hat unter Osteuropa-Kenner:innen im Sommer 2021 für große Unruhe gesorgt. Engagierte Historiker:innen haben den Text umgehend eingeordnet (Behrends 2021; Kappeler 2021), politische und mediale Diskussionen griffen den Text mit der bangen Frage auf, was

1 Da der russische Angriffskrieg gegen die Ukraine bereits mit dem Überfall auf die Krim und die Ostukraine im Februar/März 2014 begann, verwende ich in Bezug auf den Krieg Russlands seit dem 24. Februar 2022 den in der Ukraine gebräuchlichen Begriff der Vollinvasion oder des Krieges gegen die gesamte Ukraine als Abgrenzung zum seit Februar 2014 stattfindenden russischen Angriffskrieg.

der von Putin formulierte Anspruch der russisch-ukrainischen »Einheit« für Europa bedeuten könnte. Die Soziologie hingegen – schwieg.

Nun ist es mitnichten Aufgabe soziologischer Forschung, unmittelbar auf das gesellschaftliche oder politische Tagesgeschehen zu reagieren, es zu kommentieren und einzuordnen, auch wenn dies durchaus in wahrnehmbaren Maße geschieht, wie beispielsweise soziologische Überlegungen zur #MeToo-Debatte oder zur Coronapandemie zeigen. Heinz Bude (2023) hat in dieser Zeitschrift deutlich gemacht, wie eine aktiv beratende Rolle der Soziologie in der Pandemie – verstanden als »totales soziales Phänomen« – aussehen kann. In Bezug auf Osteuropa aber ist auf die von Bude gestellte Frage »Was ist soziologischer Sachverstand und wie sollte eine Soziologin ihn einsetzen?« kaum eine Antwort zu finden. In den wichtigsten deutschsprachigen soziologischen Zeitschriften – der KZfSS, der ZfS und dem BJS – sind in den jüngeren Ausgaben vor der Vollinvasion genau zwei Artikel erschienen, die sich in ihrer Forschungsperspektive direkt auf Osteuropa beziehen.[2] Wie kommt es, dass die sich doch als genuine Krisenwissenschaft verstehende Soziologie den Blick nach Osten und damit auf die Krisen der Transformation, die ganz Europa seit Jahrzehnten prägen, so hartnäckig verweigert? Und, was die wichtigere Frage ist: Welche Leerstellen und blinden Flecke sind durch diese Verweigerung entstanden, und wie könnte die Soziologie sie füllen? Schließlich: Welchen Mehrwert bietet die soziologische Perspektive in der Betrachtung Osteuropas, und welche Begrifflichkeiten braucht die Soziologie, um Differenzierung in Europas Osten jenseits des »Postsowjetischen« zu beschreiben? Diesen Fragen will das vorliegende Symposion in dieser und der nächsten Ausgabe der SOZIOLOGIE nachgehen.

Dass der Blick nach Osteuropa einseitig ist, stellten Ivan Krastev und Stephen Holmes (2018) unter anderem in ihrem Aufsatz »Imitation and its discontents« fest. Seit 1989 galt Osteuropa sowohl in politischen Konzepten der EU-Osterweiterung und der Europäischen Nachbarschaftspolitik wie auch in der politisch-philosophischen Wahrnehmung als ein Raum der Imitation, der aufholenden Modernisierung, der politischen, ökonomischen, gesellschaftlichen und kulturellen Konvergenz, die erst noch zu leisten sei. Damit perpetuierte sich eine Betrachtung Osteuropas als »das Andere«, das nicht in seiner Eigenständigkeit, auch inhärenten Widersprüchlichkeit und

---

2 Basierend auf meiner Recherche anhand der Stichworte »Osteuropa«, »Ukraine«, »Russland«, »Putin«. Die Recherche bezieht sich auf die Jahre 2019 bis 2021, um aktuelle Forschung abzubilden und zugleich die Publikationen seit der Vollinvasion Russlands zunächst auszuklammern.

Ambivalenz gesehen wurde, sondern in einer schier ewigen Pfadabhängigkeit der Verankerung im »post-sozialistischen« beziehungsweise »postsowjetischen« Raum. Zugleich bildete das westliche, vor allem EU-Europa als das »Nicht-Andere« nach wie vor den Referenzrahmen der soziologischen, aber auch der politischen Diskussion. Beide – sowohl die öffentliche als auch die soziologische Debatte – erlitten dadurch Verluste potenzieller Erkenntnisse.

Der Mangel an theoretischen Rahmungen und Diskussionen gesellschaftlicher Prozesse und Phänomene in Osteuropa korrespondiert mit einem eklatanten Mangel an regionalspezifischer Expertise in den Sozialwissenschaften bezüglich des östlichen Europas. Während in geisteswissenschaftlichen Disziplinen, allen voran in den Geschichtswissenschaften, der Aufbau von Regionalexpertise einschließlich spezifischer Sprach- und Landeskenntnisse gerade auch im akademischen Rahmen anerkannt und institutionalisiert ist, haben die Sozialwissenschaften die Bedeutung von Regionalexpertise kaum erfasst, geschweige denn gefördert. Deutschlandweit gibt es gerade eine einzige Soziologie-Professur mit einem Osteuropa-Bezug in der Denomination. In einem Aufsatz mit dem vielsagenden Titel »Geschichte, Slavistik und der Rest« zeigen Alexander Libman und Niklas Platzer (2021), dass gerade die gegenwartsbezogenen sozialwissenschaftlichen Fächer in der Osteuropaforschung stark unterrepräsentiert sind, und zwar über alle Qualifikationsgrade und Ebenen hinweg. So wurde in der Vergangenheit das Potenzial regionalspezifisch informierter Analyse für differenzierende Theoriebildung in der Soziologie unterschätzt und vernachlässigt – wohl auch daher rührt die Sprachlosigkeit der Soziologie in Anbetracht der Rückkehr des Angriffs- und Vernichtungskrieges nach Europa.

Die so entstandenen blinden Flecke der Soziologie in Bezug auf Osteuropa und zugleich das Potenzial empirisch basierter soziologischer Theoriebildung lassen sich gerade am Beispiel der Ukraine gut illustrieren. In der wechselvollen, häufig widersprüchlichen und kaum gradlinigen ukrainischen Geschichte und Gegenwart finden sich hier vielfältige Anknüpfungspunkte für soziologische Forschung, die zur Theoriebildung und zu soziologischer Regionalexpertise beitragen. Geprägt von vielfachen Bewegungen für eine Nationsbildung, Kolonisierung durch die Sowjetunion, paralleler Integration und Desintegration in das Unionskonstrukt, Dissident:innentum und Repression, schließlich nationaler Unabhängigkeit und fortgesetzter struktureller wie ökonomischer Abhängigkeit ist allein die Entwicklung der Staatlichkeit dynamisch und wenig eindeutig. Feministische Bewegungen und die

Analyse von Gender-Arrangements vom Gulag (Kis 2021) bis zur Euromaidan-Revolution (Martsenyuk 2016), die lange und bewegte Geschichte der ukrainischen Zivilgesellschaft (Worschech 2022) sowie die Multidimensionalität von Identitäten und Zugehörigkeit in der Ukraine (Onuch, Hale 2018) sind Beispiele für soziologische Forschung, die über den spezifischen Fall Ukraine hinausweist. Diese Multidimensionalität macht sich nicht zuletzt in den intensivierten Debatten und politischen Prozessen der Erinnerungskultur in Bezug auf die vorsowjetische, sowjetische und nachsowjetische Zeit bemerkbar (Fedor, Kangaspuro, Zhurzhenko 2017). In den Jahren seit der Unabhängigkeit 1991 ließ sich zudem eine Gleichzeitigkeit von Demokratisierung (auf der gesellschaftlichen Ebene) und De-Demokratisierung (des politischen Systems) beobachten und analysieren, in der beide Prozesse auf ungewöhnliche Weise eng miteinander verflochten waren und sich gerade in Phasen zunehmender staatlicher Repression und ›shrinking spaces‹ bemerkenswerte Freiräume einer progressiven Kultur- und Aktivismus-Szene herausgebildet haben. Dies spiegelt sich auch in der Entwicklung lokaler demokratischer Prozesse wie zum Beispiel dem in der Ukraine vielfach erprobten Participatory Budgeting (Schmäing 2023). Das Erfassen der Gleichzeitigkeit von Demokratisierung und De-Demokratisierung in der Ukraine könnte helfen, auch Europa in seiner Krisenhaftigkeit, Ambivalenz und Nicht-Linearität als »totales soziales Phänomen« zu verstehen.

Die Soziologie steht damit vor zwei Aufgaben, wenn sie sich weiter als Krisenwissenschaft verstehen und den soziologischen Sachverstand in den künftigen Entwicklungen Europas einsetzen möchte. Eine ernsthafte Hinwendung der soziologischen Forschung zu Osteuropa erforderte – erstens – die Dekolonialisierung auch des soziologischen Blickes und damit einhergehend, die Überwindung des Begriffs ›postsowjetisch‹. ›Postsowjetisch‹ ist eine Raumkonstruktion, die einerseits eine binäre Logik Europas als das Andere und das Nicht-Andere verfestigt und zugleich insbesondere für das ›Andere‹, das ›Postsowjetische‹, eine vereinheitlichende Wirkung entfaltet, die der empirischen Realität weder in Gegenwart noch in Geschichte gerecht wird. Die diffusen Transformations- und Kolonisationserfahrungen, die die ehemaligen Sowjetrepubliken einschließlich Russlands als imperialistischer Kern der Sowjetunion durchlaufen haben, die komplexe Gewaltgeschichte insbesondere in den »Bloodlands« (Snyder 2015) Osteuropas, die Eigengeschichtlichkeit und Selbstbestimmungsdiskurse der osteuropäischen Gesellschaften wurden durch den Postsowjetismus-Begriff verdeckt. Die Europäische Nachbarschaftspolitik wie auch der europäische Integrationsprozess

Ostmitteleuropas verstärkten das postsowjetische Andere und schufen zudem eine neue europäische Peripherie, die sich jenseits des ›EU-Ostens‹ befand. Mit dem vollständigen Krieg Russlands gegen die gesamte Ukraine ist diese Raumkonstruktion obsolet, und mehr noch: nicht mehr das ›Kerneuropa‹ definiert die Peripherie, sondern die vermeintliche Peripherie definiert Europa, europäische Agency und europäische Selbstverständnisse. Der Krieg markiert das Ende des ›Postsowjetischen‹ und erfordert damit auch von der Soziologie, zumal von der Europasoziologie, eine Neubetrachtung räumlich-sozialer und transnationaler Prozesse der Interaktion, Interpretation und Identitätsbildung.

Eine zweite Anforderung wäre eine stärkere theoretische Orientierung der auf Europa bezogenen Soziologie an Ambivalenz, Gleichzeitigkeit und Konflikt, und deren systematische Einbeziehung in die Betrachtung von transnationalen Integrationsprozessen. Die auf Georg Simmel und Lewis Coser zurückgehende Idee der sozialen Integration durch Konflikt hat sich auch als ein Muster des europäischen Selbstverständnisses etabliert: Die Institutionalisierung von Konflikt in mitunter komplexe Aushandlungsprozesse stellt eine Grundsozialisation und auch das prägende Integrationsmuster in Europa dar. Europa als post-nationales Souveränitätsprojekt beinhaltet damit die Möglichkeit der gleichzeitigen Integration und Desintegration, der Einheitlichkeit und Uneinheitlichkeit von Narrativen, Institutionen und Praktiken, die in permanenten Aushandlungsprozessen um- und neugebildet werden. Die Grenzen Europas ergeben sich dann aus dem Gültigkeitsbereich dieses Integrationsmusters – und stoßen ganz klar an die Grenzen imperialer Logik, die exklusive Zugehörigkeit, Eindeutigkeit und Konflikt nicht als Verhandlung, sondern als Kampf versteht. In dieser Perspektive könnte eine ambivalenzbewusste Soziologie dazu beitragen, Europa nicht nach Ost/West, sondern entlang unterschiedlicher Integrationslogiken zu definieren und zugleich Europa als Produzent wie auch Produkt von Krise, Konflikt und Kontingenz zu verstehen.

Das Ende des Postsowjetismus, das der Krieg Russlands gegen die gesamte Ukraine markiert, kann damit auch ein Aufschlag sein zu einem erneuerten und systematisierten Selbstverständnis der Krisen- und (Ost-)Europawissenschaft Soziologie. Die hier nur skizzierten Anknüpfungspunkte und Perspektiven sowohl für empirische Forschung als auch für die soziologische Theorieentwicklung werden in diesem und im nächsten Heft der SOZIOLOGIE in insgesamt sieben Beiträgen ausführlicher vorgestellt und diskutiert. Eine wichtige Maxime in diesem Symposion (und idealerweise auch in der generellen Diskussion) ist dabei: keine Debatte über Osteuropa ohne Osteuropäer:innen! Zwei Beiträge stammen daher von ukrainischen Autorinnen. Auf den folgenden Seiten schreibt Valeria Korablyova über sozialwissenschaftliche Versäumnisse, die aus dem Erbe des sowjetrussischen Kolonialismus und des Kalten Krieges resultieren, und zeigt, welches soziologische Potenzial in der Beschäftigung mit der Ukraine liegt. Im zweiten Teil des Symposions wird Tamara Martsenyuk, eine der profiliertesten Gender-Expert:innen in der ukrainischen Soziologie, über Einstellungen zu Diversität, Geschlechtergerechtigkeit und -arrangements in der ukrainischen Gesellschaft vor und während der russischen Vollinvasion berichten.

Im Anschluss an den Beitrag von Korablyova diskutiert Andreas Langenohl die Rolle der Soziologie in den Debatten über Transformation, Europa beziehungsweise Europäische Union und die (de-)kolonialen Aspekte der Analyse Osteuropas im Verlaufe der letzten drei Dekaden.

Die weiteren Beiträge im nächsten Heft setzen die Vertiefung einzelner soziologischer Ansatzpunkte in der Osteuropaforschung fort. Evelyn Moser wird ein differenzierungstheoretisches Modell zur Analyse von Autoritarismus vorstellen und zeigen, wie die autoritäre Herrschaftsausübung durch die kategorienbasierte Verknüpfung von Öffentlichkeiten jenseits totalitärer Organisationsstrukturen funktioniert – und wie ein soziologischer Beitrag zum Verständnis autoritärer politischer Systeme aussehen kann. Klaus Schlichte wird mit einem Text zur Konfliktsoziologie des aktuellen Krieges eine Perspektive einnehmen, die jenseits der klassischen sicherheitspolitischen Paradigmen den Ansatz der Gewaltsoziologie, aber auch die Bedeutung regionaler Spezifika (und damit verbunden: von Regionalkenntnissen) betrachtet. Sebastian Büttner wird in seinem Beitrag die Entwicklung der Europasoziologie und ihre Entfremdung von Osteuropa reflektieren und neue Anknüpfungspunkte diskutieren. Mit einer Analyse des Bedarfs an sozialwissenschaftlicher Osteuropa-Expertise und einer Skizze eines soziologischen Forschungsprogramms zu Osteuropa jenseits des Postsowjetismus werde ich das Symposion schließen. Ein Ziel dieser Skizze und der vor uns liegenden Debatte ist es, die Soziologie in Bezug auf all jene Phänomene wieder sprechfähig zu machen, die sich im Osten Europas entwickeln und die europäische Lebenswelt per se, horizontal transnational vernetzt, betreffen.

Literatur

Behrends, Jan C. 2021: Putins negative Ukrainepolitik. Hintergründe und Analogien. Osteuropa, 71. Jg., Heft 7, 77–84.

Bude, Heinz 2023: Was ist soziologischer Sachverstand und wie sollte eine Soziologin ihn einsetzen? SOZIOLOGIE, 52. Jg., Heft 2, 158–161.

Fedor, Julie / Kangaspuro, Markku / Zhurzhenko, Tatiana (eds.) 2017: War and Memory in Russia, Ukraine and Belarus: Palgrave Macmillan.

Kappeler, Andreas 2021: Revisionismus und Drohungen. Osteuropa, 71. Jg., Heft 7, 67–76.

Kis, Oksana 2021: Survival as victory. Ukrainian women in the Gulag. Cambridge, MA: Harvard University Press.

Krastev, Ivan / Holmes, Stephen 2018: Imitation and Its Discontents. Journal of Democracy, vol. 29, no. 3, 117–128.

Libman, Alexander / Platzer, Niklas 2021: Geschichte, Slawistik und der Rest. Osteuropaforschung in Deutschland. Osteuropa, Heft 7, 133–153.

Martsenyuk, Tamara 2016: Sexuality and Revolution in Post-Soviet Ukraine: LGBT Rights and the Euromaidan Protests of 2013–2014. Journal of Soviet and Post-Soviet Politics and Society, vol. 2, no. 1, 49–74.

Onuch, Olga / Hale, Henry E. 2018: Capturing ethnicity. The case of Ukraine. Post-Soviet Affairs, vol. 34, no. 2-3, 84–106.

Putin, Wladimir 2021: Über die historische Einheit der Russen und der Ukrainer. Übersetzt von Andrea Huterer. Osteuropa, 71. Jg., Heft 7, 51–66.

Schmäing, Sophie 2023: Urban democracy in post-Maidan Ukraine. Conflict and cooperation between citizens and local governments in participatory budgeting. European Societies, vol. 24, 1–23, doi: 10.1080/14616696.2023.2183972.

Snyder, Timothy 2015: Bloodlands. Europa zwischen Hitler und Stalin. München: Beck.

Worschech, Susann 2022: Revolution und Resilienz. Die ukrainische Zivilgesellschaft und das Ende des Post-Sowjetismus. Leviathan, 50. Jg., Heft 4, 501–528.

Why is Ukraine important?

Challenging the colonial and Cold War legacies in European social sciences[1]

Valeria Korablyova

The essay focuses on structural distortions in knowledge production on Ukraine arguing for the need to critically address the underlying colonial and Cold War legacies. It exposes the cultural hierarchies and power asymmetries in the academic division of labour, where Ukraine is excluded from Eurocentric social sciences as epistemologically »secondary« and marginalised in largely Russocentric East European studies as peripheral, and thus geopolitically »non-important«. The Russian full-scale invasion exposed the futility of those assumptions, which might provoke a double paradigm shift, in area studies and generalist disciplines alike. This shift must be geared towards the inclusion of minor agencies and situated knowledge within »methodological cosmopolitanism«. Against multiplying challenges to Eurocentric universalist claims, alternative – yet, complementary – epistemologies from the margins might become a meaningful substitute for radical decolonisation. The case of Ukraine provides useful insights, in particular, into popular agency, grassroots mobilisation, and extra-institutional democratisation. For them to be incorporated, the structural premises of the »regional« and »general« disciplines must be rectified.

The war as an epistemological challenge: towards a paradigm shift

The Russian full-scale invasion of Ukraine on 24 February 2022 was an existential shock for multiple observers across the world, because the preponderance of informed opinion had for a long time dismissed the possibility of such an open, all-out attack. Dire warnings from some quarters were assumed to be a US-led, anti-Russian media campaign. Beyond that, the invasion produced an epistemic shock: the inconsistency between reality on the ground and expert predictions became increasingly obvious and incontrovertible.

1 This essay is part of the research supported by the grant from the rectorate of Charles University 4EU+/UA/F2/10 »Ukraine In A Changing Europe« as a follow-up on 4EU+ Alliance activities.

Not only did authoritative experts on Eastern Europe and international relations largely fail to foresee Russia's unwarranted invasion and its botching of the intended *Blitzkrieg* victory, but they were also utterly unprepared for the success of Ukrainian resolute resistance. These errors in judgment raised questions about the fundamental competence of Western analysis of Ukraine and Russia. Pushing the search for structural reasons is the movement for the decolonisation of East European studies. It begins by revealing the extent to which the field is overfocused on Russia to the neglect of studies of the other countries in the neighbourhood. Often the asymmetry is fed by an overreliance on data and narratives produced or endorsed by the Kremlin. Looking beyond area studies, structural asymmetry is evident in the disciplines as well. The entire region is little more than a blank spot for European social sciences, which do not consider them a valid field for universalising research. Consistently implemented, the decolonisation of knowledge and of mindsets could be a cure for asymmetries in both area studies and in the disciplines. Insights from the peripheries might eventually lead to an enrichment – or even reorganization – of the humanities and social sciences.

Colonial, hegemonic thinking creates specific chronotopical arrangements by translating cultural differences into imagined geographical and historical distances. Lands further away from the centres of power are proclaimed to be lagging behind, as if existing in a previous historical era. Accordingly, differences are interpreted as deficiencies, which produces important effects in academic as well as everyday thinking. Distant areas are perceived as civilisationally »secondary« and therefore not worth studying – except as, perhaps, an exotic curiosity. The principle »first in Europe, then elsewhere« (cf. Chakrabarty 2000) turns a blind eye to anything brand new emerging on the peripheries. Thus, the latter are doomed to either permanently »catch up« with civilisational »leaders« or get stuck in their alleged archaic idiosyncrasy. Falling out of the centre's »system of relevance« enlarges imagined geographical distance, thus creating what Umland (2017) calls »galactic imagining«. Actors and entities outside of political alliances like the EU or NATO are perceived to inhabit a different planet, thereby being structurally removed to another universe. This »denial of some plain geographic facts« of proximity (ibid.) coupled with the »denial of coevalness« (Fabian 1983) might help explain how the double epistemic/existential shock the Russian invasion imposed on the perceptions of EU citizens: Something important is happening on the margins of the European order, it is too close to our comfortable life-worlds, and we lack coherent explanations to make sense of that.

From this vantage point, the recent intermittent inclusion of Ukrainian voices into the EU media and academic landscape cannot be reckoned merely as a sign of solidarity and support. It is also a search for alternative interpretations amidst a paradigm crisis. As Thomas Kuhn (2012) explains, when the dominant paradigm repeatedly fails in solving »puzzles« being incapable of explaining new facts and integrating them into the existing normative paradigm, there arises a crisis situation that may initiate a paradigm shift. That shift usually unfolds in stages: first, the exposure of false/failed foundational beliefs; second, attempts to rectify structural asymmetries in knowledge production; and, finally, the emergence of a new framework capable to embrace and clarify existing uncertainties. It must be acknowledged that not only East European studies but also some universal disciplines might be facing a potential paradigm shift, which Kuhn terms a »scientific revolution«.

While officials and diplomatic figures attempt to adjust foreign policies toward Russia in line with the proclaimed *Zeitenwende*, academia looks for proper interpretive frameworks. Decolonisation seems to be the codeword for that: ASEEES,[2] the largest professional association for regional studies, picked it as the topic for the 2023 convention. Multiple debates on the matter have already taken place on various platforms, providing many Ukrainian – and often Central Asian – scholars the opportunity to become »decolonisation warriors« attempting to remedy the effects of decades if not centuries of epistemic injustice. Airing these issues is crucially important as an antidote to misuse of history and media discourse such as the justification of the full-blown invasion by Putin's public lecture on history and the infamous Gerasimov doctrine calling for »bombarding the minds of the enemy's population« before deploying conventional warfare. Simply said, what happens in academia impacts the public sphere and real life. Therefore, assessing the system of knowledge production on the region can lead to a beneficial revision of the assumptions shaping the study of Ukraine and the wider region.

The first step is to acknowledge that Russia has long been the central object of scholarly inquiry on Eastern Europe and the only legitimate voice to speak for the entire region, while other – minor – polities were perceived through the Russian gaze. Russian »imperial innocence« (Kassymbekova, Marat 2022) must be questioned, and knowledge production on the area decentralised and diversified. However, one cannot stop there. The systemic distortion that led to the incompetence of recognised expertise is caused not only by the content of knowledge and its internal – Russocentric – structure

2 Association for Slavic, East European, & Eurasian Studies

but also by its very place in the system of the academic division of labour. The entire region of Eastern Europe was never incorporated into »universal sciences« (e.g. sociology, political theory) pertinent to the »developed world«. Instead, it was relegated either to descriptive case studies (idiographic humanities) or to policy recommendations (practical IR). I would argue that the three worlds concept as the foundation for the apportionment of academic disciplines for certain areas of the world (Pletsch 1981) is largely intact – yet increasingly irrelevant in the changing world of today.

Decolonisation of knowledge and minds implies questioning and »delinking« from the structures of knowledge taken for granted. It is an uncomfortable process of »learning to unlearn« (Tlostanova, Mignolo 2012) our foundational beliefs and assumptions about others and, less evidently, about the self. Since Russia wages the war – at least discursively – against the West, a number of universal assumptions about European modernity, international relations, and a dominant normative order need to be challenged as well.

Academic division of labour from the Cold War times: politicisation and exoticisation of non-West

In 2005, I attended a public lecture by Immanuel Wallerstein at V.N. Karazin Kharkiv National University, my alma mater. The three world epistemology Wallerstein dwelled upon (cf. Pletsch 1981) was truly eye-opening to me as a PhD student in philosophy (with MA in sociology) who tended to think back then that universal sciences were the shared heritage of humankind. It was not before 2014, however, that I had to go back to that concept to make sense of the reception I faced in the Western world. Having engaged with Ukrainian studies after the Maidan and the beginning of the Russian invasion in Donbas, I was speaking in various academic and diplomatic settings. And I heard repeatedly in private: »Sorry, we sympathise but Ukraine is not important.« I usually returned a question if Russia was important, and the response was: »Russia is somewhat important. It raises in importance once it makes troubles.« This short but instructive dialogue illuminates one of the possible Russian objectives behind the full-scale invasion but also the geopolitical inequalities underlying political decision-making and knowledge production alike. The very discourse of »importance« points to cultural hierarchies that allocate financial and human resources for studying areas and regions based on the alleged »greatness« of their history or their geopolitical »weight« in the present.

Modern scholarly research on Eastern Europe did not start until the end of World War II, that is until the USSR manifested itself as a powerful geopolitical player and an incarnation of an alternative – socialist – modernity. Yet, it was »a relatively new type of organised scholarship, promoted by government agencies, particularly the diplomatic, military, and intelligence services« (ibid.: 567). Taking as a starting point that the Soviet Union was over-politicised, over-ideologised, and statist, Western studies of the Second World were overfocused on political elites (the main subject of studies) and geopolitical implications (the main output of studies). Eventually, anthropological studies in the third world manner followed up: Fields accessible to them were controlled and navigated by the Soviet authorities, while the »rite of passage« often implied deep-seated sympathy with the Russian culture. Those two sub-camps of specialists on Russia barely merged: They were composed of representatives of too different academic domains (political science, IR vs history and literary studies) driven with divergent biases towards their field of study (oversimplifying, Russophobia vs Russophilia). This biased knowledge-production was accepted, however: Its result was expected to be particularist and never fully »objective«, as the object itself was believed to be not conducive for generalisable impartial research.

Jerry F. Hough (1977) presents an insider's perspective on limitations that experts on the Soviet Union were facing in the field and in domestic academic settings. He points out that communist studies had »been confined to a ghetto within social sciences« and were barely incorporated into comparative, let alone theoretical research. On the one hand, discipline »generalists« were released from the need to learn exotic languages and dive into unknown cultures, while area specialists could limit their awareness of diverse theories and methodologies. The latter had to dedicate much time to develop needed cultural sensitivity and understanding that comes naturally through socialisation in home countries but could be tricky in foreign lands. A plausible solution would be the engagement of properly trained local social scientists – but up to now, an intimate connection to the field of study is generally perceived as an obstacle not an asset for well-informed research.

Ineluctably, the next move in decolonisation is to reveal what assumptions underpin the existing academic division of labour, which harbours legacies of both imperial and Cold War times. The underlying premise appears to be that only what happens in »Europe proper« is epistemologically interesting, while what happens in non-European power sites is (geo)politically interesting. The rest falls into the marginal niche of »no man's land«. As a result, sociology »proper« has almost exclusively focused on the Euroatlantic world of nation-states imagined as similar because they mirror the universal structure of humankind. And »the rest« (non-West) is either excessively politicised – with academic research on these territories geared towards practical recommendations to power holders and obsessively fixated on personal biographies of ruling elites – or it is folklorised – with a focus on interpreting social and political phenomena through a cultural lens, exaggerating the divergent. Tentative inclusion of »developing states« as valid objects for social inquiry usually imposes theoretical frameworks, devised on the basis of Western material, onto local settings to trace matches that help confirm the judgment that this is a trajectory of catching-up to the West. This meta-structure of academic knowledge production is not only morally dubious in terms of its underlying assumptions but it is increasingly impotent in explaining the rapidly changing contemporary pluriversal world.

Originating in the West and rooted in the Eurocentric beliefs around its own cultural superiority, the three worlds scheme declared that »objective« and variegated social knowledge was possible only within its cultural space as a legitimate field for economics, social sciences, and other rigorous disciplines. Finding ourselves in the double »post« situation of postcolonialism and postsocialism, we need to complement decolonisation with »decoldwarisation«[3] of area studies, to overcome the Cold War legacy in their underbelly. One might read this warning as a call not to return to the black-and-white bloc thinking to prevent vilification of Russia as an eternal enemy. For me, however, it would rather assume deconstructing the global landscape where only military powers can afford an autonomous opinion, and only great states have acknowledged great cultures and literatures (cf. Thompson 2022). The bottom line is to incorporate minor, previously disadvantaged, agencies on more just grounds, while revising the very understanding of »greatness« and »strength«.

---

3 I am grateful to Prof. Peter Haslinger for this neologism that ignited my reflection resulting in this essay. The discussion took place at the Symposium »Languages of War« on February 24, 2023 in Hannover-Herrenhausen.

Discovering Ukraine

The (re)emergence of independent Ukraine in 1991 was widely perceived as a sort of historical contingency that could be withered away, as there was no room for it in the dominant mental maps. The imperial appropriation of the Soviet and earlier medieval history by Russia as the regional hegemon in discourse production and discourse control erased traces of Ukraine's centuries-long history (von Hagen 1995), thereby turning it into a »nowhere« (Matlock 2000) and an »unexpected nation« (Wilson 2000). Naturally, its own rendering of history that opposed the hegemonic Russian version, had »a disconcerting effect on individuals inside and outside the East Slavic disciplines« as it was »undermining an intellectual order with which the West is comfortable« (Ilnytzkyj 1992: 451). In attempts to preserve that order, Ukrainian interpretations of their history and present were discredited as biased story-telling: at best, »searching for roots«, national advocacy or some other partisan pleading« (von Hagen 1995: 658) or, at worst, »strident nationalism and anti-Russianism« (ibid.: 450). In a nutshell, Ukrainians were »faulted for not living up to the images prepared for them by Russia and the West.« (ibid.)

In this double hegemonic trap, there was one »legitimate« academic discipline reserved for »small nations« of Central and Eastern Europe, namely memory studies exposing the area as the main site of the Holocaust and of local collaboration with the Nazi, which reinforced the perception of the region as the domain of dangerous nationalism to be held in check. While acknowledging a lot of excellent (and much needed!) research in the field, I see a problem in its unquestioned supremacy in representing the region. In other words, when the only narrative about Eastern Europe is the story of aggressive nationalism, it is a distorted and lopsided discourse that ignores other crucial developments. Besides, it is a variation of the coloniser's myth about his civilizing mission of taming local barbarians to rescue them from themselves.

An important story, largely absent from mainstream Western narratives about Eastern Europe, is the story of people's agency, self-reliance, and grassroots activism (cf. Falk 2009). This activism does not fit into the »universal« reading of institutionalised civil society as a part of the democratic order: It is far more spontaneous and fluid, and it positions itself outside the order, challenging the entire structure (Korablyova 2019). To explain it sociologically, our reading of both democratic political structure and vehicles of democratisation must be refined and expanded. Similar to Russia appropriating the victory in World War II, the USA appropriated the victory in 1989/1991 (cf. Schell 2009): Even with multiple observations and admirations of velvet revolutions, their dominant narrative became Gorbachev's courtesy and the magnetic appeal of liberal democracy (i.e. the U.S. soft power).

The story repeated itself with the Maidan protests in Ukraine in 2004 and 2013/14. Time and again, the major interpretive focus was on the corrupt elites, geopolitical standoffs, and the Western soft power allegedly misleading local people to believe that the West was perfect and that they could become part of it. Alternative sociological explanations, focused instead on emerging social patterns that did not fit into the universal theory but aimed to expand and enrich it (cf. Worschech 2017), were largely missed and marginalised as biased national advocacy (e.g. Wynnyckyj 2019). Even if the insights coming from the region with ambitions to inform general theory were formulated by recognised scholars with no Ukrainian pedigree, they were still treated with suspicion. Gwendolyn Sasse in her keynote speech at BASEES[4] Conference 2023 shared anecdotal evidence of how her articles got repetitively rejected by »generalist« political science journals as based on fieldwork in Eastern Europe: once, a compromise solution was suggested to take away mentions of Ukraine at least from the article's title.

The issue of the popular agency came to the fore again in the wake of the full-scale invasion: The very same structures of spontaneous grassroots activism beyond formal structures of civil society that enabled the success of the Maidan became the recognised key element of resolute Ukrainian resistance to the Russian aggression. People of Ukraine as an important actor, distinct from the elites, made it to the magazine covers and scholarly research. Their modes of conduct and social connectivity propped up the functionality of the state under war conditions. It becomes increasingly obvious that sociological research is required to explain many ongoing developments, and interpretations must be requested from the insiders for proper contextualisation.

The decolonisation endeavour actualises the embedded and embodied knowledge: shifting the geography of reasoning implies doing away with the enlightenment myth of a detached observer and closing the gap between the enunciated and the enunciator (Tlostanova, Mignolo 2012: 10). The sociology of knowledge reminds us that there is no unbiased approach. An ethical position for a researcher is to be aware of their own premises, to question

4 British Association for Slavonic & East European Studies

them constantly when facts contradict their hypotheses, and to triangulate their assumptions via the inclusion of other epistemic agents: Thereby, local agents stand not just as »mere tokens of their own culture« (ibid.: 11) but as social and epistemic subjects in their own right. This being said, any local truth from indigenous voices must be interrogated with the same »epistemological vigilance« to ensure its theoretical rigour and to preclude the sense of self-righteousness based on victimhood.

Conclusion: rethinking the universal

Mainstream social sciences remain hugely Eurocentric. They recognise phenomena outside of the European core as valid if they fit the universal theories, devised on the Western material and overfocused on Western-style institutions and structures, while divergent social patterns are perceived through the cultural lens, as an exotic idiosyncrasy irrelevant beyond its setting. However, in the increasingly turbulent world of multiple looming crises where existing institutions and prescribed procedures are less and less efficient (cf. Beck 2016), the case of Ukraine might provide useful insights, for instance, into spontaneous horizontal mobilisation and ad hoc solutions (e.g. Lange 2023). Their proper sociological assessment could be both practically and epistemologically fruitful.

The three world epistemology divided all states into »developing« and »developed«. Nowadays, it seems that »developing« regions are rather opposed to »declining« ones. The claims of the West in decline are nothing new – they have been around for a century now. Yet, these days they are supported by economic data that the Western middle class is the main loser of globalisation (Milanovic 2016) and by the results of worldwide sociological polls that overtly challenge Western superiority (Garton Ash, Krastev, Leonard 2023). This increasing peripheralisation of Europe sets a new context for social sciences, provoking a shift from methodological nationalism to methodological cosmopolitanism (Beck 2016: 19). A way forward might be connected with the cross-usage of methodologies between »the three worlds«. I suggest a double move of grounding the European and universalising the local. Moving towards situated and embodied knowledge is aligned with phronetic social sciences (Flyvbjerg 2001), and it makes the »fourth world« within the West more visible.

Re-writing a European narrative through the perspective of internal subalterns might help in de-centring social knowledge while keeping its heuristic potential. Supplemented with a simultaneous search for universal in non-European local contexts, it could become a meaningful alternative to various projects of radical decolonisation. The case of Ukraine suggests such an alternative epistemology from the margins, which does not turn its back to the West – as Tlostanova, Mignolo propose (2012: 12) – but self-register as its overlooked part. Contemporary Ukraine is not only a unique laboratory of hybridity and diversity (Portnov 2015) but also a functional example of adhocracy and extra-institutional democracy. The EuroMaidan revolution in 2013/14 flooded Ukrainian streets with EU flags. The full-scale Russian invasion in 2022 and Ukrainian resolute resistance to it filled many European (and not only) settings with Ukraine's national flags. Those visual anchors re-signify our shared symbolic landscape anew, and we should not miss the message.

References

Beck, Ulrich 2016: The Metamorphosis of the World. Polity Press.

Chakrabarty, Dipesh 2000: Provincializing Europe. Postcolonial thought and historical difference. Princeton, N.J., Oxford: Princeton University Press.

Fabian, Johannes 1983: Time and the Other. How Anthropology Makes Its Object. New York: Columbia University Press.

Falk, Barbara J. 2009: 1989 and Post-Cold War Policymaking. Were the »Wrong« Lessons Learned from the Fall of Communism? International Journal of Politics, Culture, and Society, vol. 22, no. 3, 291–313.

Flyvbjerg, Bent 2001: Making social science matter. Why social inquiry fails and how it can succeed again. Oxford, New York: Cambridge University Press.

Garton Ash, Timothy / Krastev, Ivan / Leonard, Mark 2023: United West, divided from the rest. Global public opinion one year into Russia's war on Ukraine. Europe's Stories. https://europeanmoments.com/changing-world/ecfr-joint-report-feb2023-global-opinion-russia-ukraine, last accessed on May 18, 2023.

Hough, Jerry F. 1977: The Soviet Union and Social Science Theory. Harvard University Press.

Ilnytzkyj, Oleh S. 1992: Russian and Ukrainian Studies and the New World Order. Canadian Slavonic Papers, vol. 34, no. 4, 445–458.

Kassymbekova, Botakoz / Marat, Erica 2022: Time to Question Russia's Imperial Innocence. PONARS Eurasia Policy Memo, no. 771, April 2022.

Korablyova, Valeria 2019: EuroMaidan and the 1989 legacy: solidarity in action? In Piotr H. Kosicki / Kyrill Kunakhovich (eds.), The Long 1989: Decades of Global Revolution. Budapest, New York: CEU Press, 231–252.

Kuhn, Thomas S. 2012 [1962]: The Structure of Scientific Revolutions. Chicago: University of Chicago Press.

Lange, Nico 2023: How to beat Russia. What armed forces in NATO should learn from Ukraine's homeland defense. GLOBSEC, February 16, 2023. www.globsec.org/what-we-do/publications, last accessed on May 18, 2023.

Matlock Jr., Jack F. 2000: The Nowhere Nation. The New York Review, February 24, 2000. www.nybooks.com/articles/2000/02/24/the-nowhere-nation/, last accessed on May 18, 2023.

Milanovic, Branko 2016: Global Inequality. A New Approach for the Age of Globalization. Cambridge, MA, Londen: Harvard University Press.

Moosavi, Leon 2020: The decolonial bandwagon and the dangers of intellectual decolonisation. International Review of Sociology, vol. 30, no. 2, 332–354.

Pletsch, Carl E. 1981: The Three Worlds, or the Division of Social Scientific Labor, Circa 1950–1975. Comparative Studies in Society and History, vol. 23, no. 4, 565–590.

Portnov, Andrii 2015: Post-Maidan Europe and the New Ukrainian Studies. Slavic Review, vol. 74, no. 4, 723–731.

Schell, Jonathan 2009: The End of the Age of Empire. International Journal of Politics, Culture, and Society, vol. 22, no. 4, 421–425.

Thompson, Ewa M. 2022: Imperialism in Russian literature. Review of Democracy. revdem.ceu.edu/2022/06/07/imperialism-in-russian-literature/, last accessed on May 18, 2023.

Tlostanova, Madina V. / Mignolo, Walter 2012: Learning to unlearn. Decolonial reflections from Eurasia and the Americas. Columbus: The Ohio State University Press.

Umland, Andreas 2017: East-Central Europe's »Galactic« Imagining of Post-Soviet Security. Focus Ukraine, www.wilsoncenter.org/blog-post/east-central-europes-galactic-imagining-post-soviet-security, last accessed on May 18, 2023.

von Hagen, Mark 1995: Does Ukraine Have a History? Slavic Review, vol. 54, no. 3, 658–673.

Wilson, Andrew 2000: The Ukrainians: Unexpected Nation. New Haven: Yale University Press.

Worschech, Susann 2017: New Civic Activism in Ukraine: Building Society from Scratch? Kyiv-Mohyla Law and Politics Journal, no. 3, 23–45. kmlpj.ukma.edu.ua/article/view/119984, last accessed on May 18, 2023.

Wynnyckyj, Mychailo 2019: Ukraine's Maidan, Russia's War: A Chronicle and Analysis of the Revolution of Dignity. Stuttgart: Ibidem-Verlag.

Die Gegenwart des östlichen Europa

Andreas Langenohl

Rückblick: Soziologie der Transformation

Als ich mich nach einem Studium der Slawistik und der Soziologie dafür entschied, eine Dissertation über Erinnerungspraktiken im postsowjetischen Russland zu verfassen (Langenohl 2000), geschah dies im Kontext einer sozialwissenschaftlichen Debattenlandschaft, die das ›post‹ von der Zukunft her dachte: nämlich aus der Perspektive einer erfolgten *Transformation* der ehemals staatssozialistischen Gesellschaften. Der soziologische Reiz bestand darin, über diese Gesellschaften als Ganze sprechen zu können. Das Problem war: Transformation wurde selten als Prozess mit offenem Ende vorgestellt, sondern meist aus der Perspektive einer erwarteten Angleichung an westliche Gesellschaftsmuster.

Dies korrespondierte mit politischen Projekten. Die Europäische Union fungierte als ein politischer Transformationsmotor, der durch den Beitrittsprozess die Gesellschaften in Ostmitteleuropa zu entsprechenden Angleichungsprozessen veranlassen sollte: Parteiendemokratie, Rechtsstaatlichkeit, Marktkapitalismus.[1] In Bezug auf Russland und andere Gesellschaften östlich und südlich von Ostmitteleuropa sollten andere Mechanismen der ›soft power‹ EU greifen. Im Einklang mit dieser Grundorientierung wurden, unter anderem von mir, Analysen vorgelegt, die die gesellschaftliche Transformation vor dem Hintergrund eines zu erzielenden Zustands einschätzten – in meinem Fall entlang der normativen Frage, wie eine öffentliche ›Aufarbeitung‹ maßgeblicher Perioden der sowjetischen Geschichte (Oktoberrevolution, Stalinismus, Großer Vaterländischer Krieg) auszusehen hätte.

So verbanden sich empirisch adäquate Analysen (wie ich nach wie vor glaube) mit einer problematischen epistemologisch-teleologischen Rahmung. In meiner Forschung zu den 1990er Jahren zeigte sich sehr deutlich jene geschichtspolitische Tendenz, die mit der Konsolidierung des Regimes Putin in Russland die Oberhand gewinnen sollte: eine Sicht auf den Sieg im Großen Vaterländischen Krieg als Zentralachse eines Staatswesens, dem sein Großmachtstatus abhanden gekommen war, und die gegen alle anderen Sichten durch Exklusion von Andersdenkenden verteidigt werden musste

1 Vgl. für eine Kritik Spohn (2010)

(Langenohl 2000: 209 ff.). Aber ich verfolgte diesen Faden nur halbherzig weiter. Ernüchterung angesichts des Erstarkens autoritärer Tendenzen im Land verband sich mit der Einsicht, dass man in der (deutschsprachigen) Soziologie als Russlandexperte nur schwer weiterkommen konnte.

Der Begriff der Transformation war ein zweischneidiges Schwert. Er erlaubte es, Gesellschaft als Ganzes zu denken, und verhinderte zugleich, gesellschaftliche und soziale Prozesse als ergebnisoffen zu theoretisieren. Er tendierte dazu, das Andere vor dem Hintergrund einer imaginierten, in der Zukunft angesiedelten Identität zu konzipieren, die es eben bloß *noch nicht* war. Adjektive wie postsozialistisch oder postsowjetisch untermauerten diese sozialwissenschaftliche Alteritätszuschreibung. Was an diesen Gesellschaften besonders war, war aufgrund ihrer *Vergangenheit* besonders. Das östliche Europa interessierte in erster Linie als eine Präsenz des Anderen, Vergangenen in Erwartung eines Identischen, Zukünftigen.

In dieser Spannung zwischen Vergangenem und Zukünftigem gerieten die Gegenwart und Gegenwärtigkeit von Gesellschaften im östlichen Europa aus dem Blick. Während in Teilen der Sozialwissenschaften noch von postsozialistischer oder postkommunistischer Transformation gesprochen wurde, hatte man es in Gesellschaften wie Polen, Ungarn, Tschechien, der Slowakei, den baltischen Ländern und Rumänien schon längst mit den *Effekten* kapitalistischer Politiken zu tun (Weiner 2007; Hardy 2009; Korkut 2009; Bluhm 2010). Erst spät wurde gefolgert, dass ›postsozialistisch‹ eher die Auswirkungen dessen bezeichne, was nach dem Sozialismus kam – etwa der Abbau sozialstaatlicher Leistungen und bestimmter Formen betrieblicher Mitbestimmung und ihre Verdrängung durch Privatisierung (s. die Beiträge in Manolova, Kušić, Lottholz 2019; Langenohl 2021).

Wie analysiert man Gesellschaften und soziale Prozesse im östlichen Europa in ihrer Gegenwärtigkeit? Die Gegenwartsdiagnose wäre hierfür ein angemessenes Genre. Sie vermag es, die Besonderheiten der gesellschaftlichen Gegenwart im Gesamtbild und zugleich in ihrer Dynamik abzubilden. Gerade im Moment könnte sie ein wichtiges Korrektiv für das verständliche, aber analytisch irreführende Bestreben sein, nach der ›Zeitenwende‹ zu einer neuen, schon völlig kohärenten Sicht auf das östliche Europa zu gelangen. Die Semantik der Zeitenwende transportiert im politischen Diskurs die Konnotation einer neuen Gewissheit, die indes selbst in diesem Diskurs nicht eingelöst wird, was politisch natürlich völlig verständlich ist. Weder in Bezug auf das östliche Europa noch in Bezug auf irgendeine andere Gesellschaft in unserer hochvolatilen Gegenwart gibt es sie. Ich will deswegen im

Folgenden weniger versuchen, Themenfelder zu identifizieren, die mit dem östlichen Europa verbunden sind und die Soziologie im Allgemeinen betreffen, sondern mir vorstellen, wie solche Themen gegenwartsdiagnostisch angegangen werden könnten.

Gegenwartsdiagnose jenseits nationaler Container und jenseits der Europäischen Union

Gegenwartsdiagnosen des östlichen Europa können lehren, dass Gesellschaften keine Container sind, sondern in hohem Maße von transgesellschaftlichen Prozessen abhängen. Die Mitgliedsstaaten der EU im östlichen Europa haben ihre gesellschaftlichen Wandlungsprozesse maßgeblich in Wechselwirkung mit dem EU-Beitrittsprozess gestaltet. Dies betrifft nicht nur institutionelle Ordnungen, sondern auch die Bearbeitung deren gesellschaftlicher Folgen, klassischerweise auf den Gebieten der Arbeitsmigration, der Sozialstruktur und der Geschlechterverhältnisse (Favell 2008; Motowidlo 2023). Aber auch die Sozialstruktur von Gesellschaften, die (bisher) nicht EU-Mitglieder sind, unterliegt dem Grenzregime der EU, weil die Bedarfsstruktur des Arbeitsmarktes der EU darüber entscheidet, welche Personengruppen migrieren können und welche nicht (Solari 2017; Majstorović 2021).

Gegenwärtige Ansätze in der EU-Soziologie machen das Argument stark, dass eine soziologische Analyse europäische ›Integration‹ als eine Europäisierung gesellschaftlicher Prozesse betrachten muss (Fligstein 2011; Büttner et al. 2015). Daher gilt ihr Augenmerk den durch zwischenstaatliche Verträge bedingten Veränderungen von zwischengesellschaftlichen, transnationalen und transversalen Beziehungen, etwa in den Bereichen Reiseregulierung, Möglichkeiten der Arbeitsmigration, kultureller Austauschprozesse, aber auch Schutz von Marginalisierten.[2] Der Unterschied zu den 2000er und 2010er Jahren ist allerdings, dass diese Prozesse nun innerhalb von Deutungsrahmen formuliert werden, die in stärkerem Maße auch ›östliche‹ Sichtweisen widerspiegeln. Allerdings werden innerhalb der EU vornehmlich die Stimmen der Regierungen gehört (und zurückgewiesen), weshalb für die EU gegenwärtig die Gefahr besteht, dass Stimmen von außerhalb ihres westlichen Zentrums einzig als Fundamentalkritiken an einer spezifischen EU-Lesart von Liberalismus ankommen (Langenohl 2016). Soziologische, transnational orientierte Gegenwartsdiagnosen können hingegen Sichtweisen

2 Für Arbeitsmigration siehe Favell (2008).

freilegen, die beiden Selbstaffirmierungsnarrativen etwas entgegensetzen: dem der EU und dem ihrer (autoritären) Kritiker*innen. Diese Bergung von Kritiken am EU-Liberalismus aus den Fängen ihrer autoritären Vereinnahmung kann auch einer partizipatorischen Vertiefung europäischer Integration dienen.

Die polnische Gegenwartsgesellschaft gibt ein Beispiel dafür, wie die Soziologie sich von der Befassung mit Transformation lösen und der Gegenwart zuwenden könnte (Kolasa-Nowak 2014). Hier beobachtet man gesellschaftliche Dynamiken, in denen sich EU-Richtlinien auf gesellschaftliche Schließungsprozesse auswirken und diese umgekehrt in den Diskurs der EU über Migration Eingang finden – auf eine Weise, die wesentlich komplexer ist als die Lage in vielen westlichen Mitgliedsstaaten der EU, für die hauptsächlich die Unterscheidung zwischen EU-Binnenmigration und Einwanderung von außerhalb der EU entscheidend ist. Denn die seit dem EU-Beitritt Polens zunehmende Zahl an polnischen Erwerbstätigen im EU-Ausland (vor allem in Deutschland und in Großbritannien) führte einerseits zu einer stärkeren europäischen Arbeitsmarktintegration (Favell 2008), andererseits aber zu sozialen Disparitäten, die in Polen und den Zielgesellschaften sehr unterschiedlich gerahmt wurden. Das wurde vor allem im Bereich von fast ausschließlich von Frauen wahrgenommenen Pflegetätigkeiten in Westeuropa deutlich: Erwartungen an praktisch ständige Verfügbarkeit und Deutschkenntnisse der Pflegerinnen auf deutscher Seite; Vorwürfe, die eigenen Familien im Stich zu lassen auf polnischer Seite (Motowidlo 2023). Die polnische, PiS-geführte Regierung lehnt seit 2015 mit großer Verve die Aufnahme von Geflüchteten aus der MENA-Region[3] ab und beruft sich dabei auf die Unterstützung von Teilen der Bevölkerung (Jaskulowski 2018; Stojarová 2018). Aber diese konfrontative Logik wird durch geopolitische Erwägungen und zivilgesellschaftliche Aktivitäten kompliziert. Dies zeigt sich an den Konfrontationen an der polnisch-belarusischen Grenze, als die belarusische Regierung versuchte, Geflüchteten aus der MENA-Region die irreguläre Einreise nach Polen zu ermöglichen, was die polnische Regierung zu einer Verstärkung der Undurchlässigkeit der Grenze veranlasste, aber zugleich auch zivilgesellschaftliche Protestaktivitäten gegen diese Politik auf den Plan rief (Balicki 2022). Die sehr entgegenkommende Aufnahme ukrainischer Geflüchteter durch die polnische Regierung und Gesellschaft wiederum kontrastiert nicht nur stark mit einer auch in Westeuropa eher skeptischen Haltung gegenüber Zuwanderung aus der MENA-Region, sondern wird

3 Middle East and North Africa

politisch genutzt, um das politische Gewicht Polens innerhalb der EU zu verstärken (Vetter 2022).

Migration ist somit einerseits ein Komplex sozialer Erscheinungen, der in ausgesprochen hohem Maße die transnational-europäische Konstitution und politische Selbstverortung Polens in der EU wie auch mit Blick auf die östlichen Nachbarn bestimmt. Aber angesichts der extremen Heterogenität dieser Dynamik im Lichte der Erfahrungen, Repräsentationen und sozialen Prozesse in der polnischen Gesellschaft, und in Wechselwirkung mit (nicht nur) dem EU-Ausland, ist Migration auch ein Begriff, der seine Eindeutigkeit verliert. Dies fordert westliche Analysen und Gegenwartsdiagnosen heraus, die – etwa im Idiom der ›Postmigrationsgesellschaft‹ – vielleicht zu starke Vereindeutigungen vornehmen. Hingegen lässt sich die gegenwärtige Lage in Polen gegenwartsdiagnostisch an Gesellschaften in Südosteuropa anschließen, die nicht zur EU gehören, genau deswegen aber zentrale Schauplätze in der EU-Geflüchtetenpolitik darstellen. Danijela Majstorović (2021) diagnostiziert die gegenwärtige bosnisch-herzegowinische Gesellschaft als eine von »peripheral selves«, in der Geflüchtete aus der MENA-Region auf eine gesellschaftspolitische Lage treffen, die weite Teile der Bevölkerung vor die Wahl zwischen dem Versuch, in die EU zu gelangen, und politischen Widerstand gegen das Regime stellt. Auch hier verliert ›Migration‹ ihre konzeptuelle Einheitlichkeit: Zwischen der harten EU-Grenzpolitik, die Bosnien als eine Art Pufferzone gegenüber der MENA-Region betrachtet, autoritären Politiken und (sehr unterschiedlichen) sozialen und politischen Aspirationen entstehen extrem heterogene, in unterschiedliche transnationale Richtungen gezogene Sozialräume.

Dies zeigt auch, dass Migration und transnationale Sozialräume in Europa in Wechselwirkung mit transeuropäischen Räumen treten. In den gegenwartsdiagnostischen Blick gehören die enormen, von der (deutschen, europäischen, westlichen und auch südlichen) Soziologie des Transnationalismus bisher kaum bemerkten, nach Osten und Süden ausgeweiteten transnationalen und transgesellschaftlichen Verflechtungen des östlichen Europa, die durch Arbeitsmigration, Sprachbeziehungen, Bildungs- und kulturelle Prozesse, gegenwärtig auch durch Flucht entstehen. Es geht nicht nur um die Flucht von Ukrainer*innen in die EU, sondern auch um aktuelle Flucht aus Russland nach Zentralasien, in die Mongolei, die Türkei, nach Georgien und den mittleren Osten.

Gegenwartsdiagnose und Kolonialität im östlichen Europa

Debatten über die Kolonialität der westlichen Moderne werden mittlerweile auch vom östlichen Europa aus geführt – nicht nur mit Blick auf die Sowjetunion und die Russländische Föderation, die als Imperien eigener Art analysiert werden (Tlostanova 2012), sondern auch mit Blick auf ›Integration‹ nach Westeuropa (Boatcă 2010). Hier formieren sich Kritiken am *West*europazentrismus. Daraus erwächst die Frage nach einer post- oder dekolonialen Gegenwartsdiagnose Europas, für die das östliche Europa ein Feld gewichtiger Positionen bereithält. Diese flektieren gegenwärtige post- und dekoloniale Kritikmodi in den Sozialwissenschaften. Der Impetus postkolonialer Kritik – hervorgegangen aus der *colonial discourse analysis* und entwickelt anhand der Geschichte der britischen Kolonien in Südasien – besteht in einer Kritik der orientalistischen Repräsentation und einer Infragestellung der Deutungshoheit europäischer Diskurse bezüglich der kolonisierten Anderen.[4] Diese Kritikmodalität findet sich derzeit in Vorwürfen gegenüber europäischen Regierungen, mit dem Hinweis auf ›legitime‹ Interessen Russlands zu zögerlich bei der militärischen Unterstützung der Ukraine zu sein und damit einen kolonialen, ebenso westlichen wie russischen Blick auf das Land zu perpetuieren (Sonevytsky 2022). Sie ist aber auch in einigen Gesellschaften des östlichen Europa – insbesondere derzeit in Polen und Ungarn – zu einem Idiom von Regierungen geworden, die dem Autoritarismus zuneigen, der westlichen EU Imperialismus vorwerfen und ihr jurisdiktionale Berechtigung absprechen (Lang 2022; Vetter 2022). Damit wird der postkoloniale Kritikmodus zu einem direkten Bestandteil politischer Aushandlungsprozesse in der EU.

Die Stoßrichtung dekolonialer Kritik ist, in den Worten Mignolos (2011), ein *delinking* von ökonomischen, politischen und kulturell-epistemologischen Hegemonieansprüchen des Westens beziehungsweise Nordens. Allerdings betreiben viele Gesellschaften des östlichen Europa wie Polen, die baltischen Staaten und die Ukraine ein solches *delinking* derzeit in erster Linie gegenüber der Russländischen Föderation, während institutionelle, kulturelle und ökonomische Interdependenzen mit Europa beziehungsweise der EU – die daran arbeitet, ihre Verflechtungen mit der Ukraine, Georgien und der Republik Moldau massiv auszubauen, und zwar im Verein mit den Regierungen dieser Länder – eher zunehmen. Im östlichen Europa ist Mignolos ›dekoloniale Option‹ nicht eindeutig, sondern führt zu komplexen, kollaborativ-antagonistischen Verflechtungen.

4 Für eine Rekonstruktion dieses Kritikmodus siehe Langenohl (2007: 116 ff.).

Die Bezugnahme auf Kolonialität ist somit ein äußerst dynamisierendes und heterogenes Moment in gesellschaftlichen und politischen Vorstellungswelten in Europa und hat direkte Auswirkungen auf gegenwärtige und zukünftige transnationale institutionelle und gesellschaftliche Prozesse. Dies ist ein idealer Einstiegspunkt für die soziologische Gegenwartsdiagnose, deren Stärke darin liegt, aus einer Analyse schwer überschaubarer Verhältnisse zentrale Impulse zur Vorstellung möglicher zukünftiger Trajektorien zu gewinnen.

Praktizierter radikaler gesellschaftlicher Wandel

Gegenwartsdiagnosen nehmen eine analytische Dramatisierung inkrementellen Wandels, also eine kontrollierte Zuspitzung vor. In vielen Gesellschaften des östlichen Europa wird diese analytische Herangehensweise kompliziert, weil dramatische, nicht nur inkrementelle, Wandlungsprozesse stattfanden: das Ende der UdSSR und des Warschauer Pakts; abrupte Einbeziehung in neue zwischengesellschaftliche und transnationale Prozesse, vor allem die EU; und ein Rollout neoliberaler Politiken. Mit solchen historischen Brüchen tun sich Gegenwartsdiagnosen schwer, weil sie eher auf *Um*brüche, das heißt qualitative Umschwünge inkrementeller Wandlungsprozesse, spezialisiert sind (Langenohl 2019). Die Transformationsliteratur war ein solcher gegenwartsdiagnostischer Versuch. Aber sie machte den Fehler, weniger die Wandlungsdynamik als das Verhältnis zu einem Zielzustand ins Zentrum zu rücken. So wurde die Differenz zwischen Ost- und Westeuropa zementiert: Osteuropa als die Region, die, mit einem alteritären Vergangenheitsballast beschwert, an einem Zielzustand entlang diagnostiziert wurde; Gesellschaften in Westeuropa, für die Diagnosen auf inkrementelle Wandlungsprozesse, gegenwärtige Dynamiken und daher auch Zukunftsoffenheiten reflektierten. Folgendes wäre erstrebenswert: Gegenwartsdiagnosen von Gesellschaften in transgesellschaftlichen Verflechtungen, die historische Brüche einbeziehen, ohne diese zum Anlass von Alteritätskonstruktionen zu nehmen.

Es geht somit um ein Ernstnehmen nicht-inkrementeller gesellschaftlicher Wandlungsprozesse, die dennoch sozial und daher ergebnisoffen vollzogen werden – also um praktizierten radikalen gesellschaftlichen Wandel.[5] Der geopolitischen Sicht auf Osteuropa und auf europäische Integration, die in der gegenwärtigen Kriegssituation Raum greift, muss eine Perspektive auf

5 Für eine biografietheoretische Perspektive vgl. Reiter (2012).

gesellschaftliche Prozesse, auch im Sinne einer politischen Soziologie, entgegengesetzt werden. Die durch den Krieg ausgelösten oder verstärkten radikalen gesellschaftlichen Veränderungen in der Ukraine und benachbarten Gesellschaften werden für Europa mindestens ebenso wichtig sein wie geopolitische Verschiebungen. Neuere soziologische Forschungen zur Ukraine geben Einblick in solche möglichen Veränderungen: eine Neudefinition des Verhältnisses von Gesellschaft und Staat, die sich etwa im Erproben von *participatory budgeting* (Schmäing 2023), aber auch in der problematischen Ausweitung zivilgesellschaftlicher Aktivität auf klassische Staatsaufgaben zeigt – besonders drastisch: Landesverteidigung (Worschech 2018); die Positionierung nicht-heteronormativer Gruppen, die auf ein ›westlich‹ geprägtes Anerkennungsregister Bezug nehmen, das ungewollt zu ihrer Marginalisierung beitragen kann (Martsenyuk 2016); oder nicht-institutionelle Formen sozialer Koordination unter Kriegsbedingungen, auf die Teile der Resilienz und des Erfolgs des ukrainischen militärischen und gesellschaftlichen Widerstands gegen den Angriff der russländischen Armee zurückgeführt werden (Korablyova 2022; Stepanenko 2022).

Schließlich: Um diese, hier nur schlagwortartig genannten, Veränderungsprozesse zu diagnostizieren, müssen die ›Ränder‹ der Gesellschaften im östlichen Europa im Zusammenhang mit grundlegenden gesellschaftlichen Benachteiligungsstrukturen betrachtet werden. Historisch gesehen ist das östliche Europa eine Region, in der Benachteiligungs-, Marginalisierungs- und Exklusionsprozesse nicht immer entlang der Unterscheidung von Mehr- und Minderheit verliefen. Denn diese Geschichte ist durch massive Verflechtungen, Umverteilungen von Populationen und kulturellen Umorientierungen (etwa bei der Sprachen- und Kulturpolitik) geprägt. Benachteiligung bezieht sich hier nicht unbedingt nur auf die demografischen ›Ränder‹ der Gesellschaft(en) – ein Punkt, der die Rede von Minderheiten generell erschwert. Die Soziologie könnte daraus auch in und für (West-)Europa Wichtiges schließen, wo man zu denken gewohnt ist, dass Marginalisierung und Minderheitlichkeit untrennbar zusammengehören und Benachteiligung und Marginalisierung daher häufig als das Problem *allein* von Minderheiten betrachtet werden. Der Lerneffekt könnte ein doppelter sein: eine zunehmende Aufmerksamkeit für die Benachteiligung sehr großer Bevölkerungsgruppen,[6] und umgekehrt eine effektivere analytische Rückbeziehung der Benachteiligung von Minderheiten auf umfassende Benachteiligungsstrukturen.

6 Durchaus auch entlang der Sozialstruktur, man denke an Pflegeberufe und Arbeitsmigrant*innen in der Pandemie.

Literatur

Balicki, Janusz 2022: Migration Crisis on the Polish-Belarussian Border (2021–2022) From a Humanitarian and Human Rights Perspective. Studia Europejskie – Studies in European Affairs, vol. 26, no. 2, 75–87.

Boatcă, Manuela 2010: Grenzsetzende Macht. Berliner Journal für Soziologie, 20. Jg., Heft 1, 23–44.

Bluhm, Katharina 2010: Theories of capitalism put to the test: Introduction to a debate on Central and Eastern Europe. Historical Social Research / Historische Sozialforschung, 35. Jg., Heft 2, 197–217.

Büttner, Sebastian M. / Leopold, Lucia / Mau, Steffen / Posvic, Matthias 2015: Professionalization in EU policy-making? The topology of the transnational field of EU Affairs. European Societies, vol. 17, no. 4, 569–592.

Favell, Adrian 2008: The new face of East-West migration in Europe. Journal of Ethnic and Migration Studies, vol. 34, no. 5, 701–716.

Fligstein, Neil 2011: Markets and firms. In Adrian Favell / Virginie Guiraudon (eds.), Sociology of the European Union. Basingstoke, New York: Palgrave Macmillan, 100–124.

Hardy, Jane 2009: Poland's New Capitalism. London.

Jaskulowski, Krzysztof 2018: The Everyday Politics of Migration Crisis in Poland: Between Nationalism, Fear and Empathy. Cham: Palgrave Pivot, 31–54.

Kolasa-Nowak, Agnieszka 2014: Polish sociology after twenty-five years of post-communist transformation. SOZIOLOGIE, 43. Jg., Heft 4, 399–425.

Korablyova, Valeria 2022: Ukrainian phronesis: Bottom-up resistance and the banality of goodness. Topos. Journal of Philosophy and Cultural Studies, vol. 2, 48–55.

Korkut, Umut 2009: Reversing the wave: The perverse effects of economic liberalism on human rights. Sociologický časopis / Czech Sociological Review, vol. 45, no. 3, 571–590.

Lang, Kai-Olaf 2022: Frust und Entfremdung. Warschaus konfrontative Deutschlandpolitik. Osteuropa, 72. Jg., Heft 9/10, 39–51.

Langenohl, Andreas 2000: Erinnerung und Modernisierung. Die Rekonstruktion politischer Kollektivität am Beispiel des Neuen Rußland. Göttingen: Vandenhoeck & Ruprecht.

Langenohl, Andreas 2007: Tradition und Gesellschaftskritik. Eine Rekonstruktion der Modernisierungstheorie. Frankfurt am Main, New York: Campus.

Langenohl, Andreas 2016: A crisis of critical signification: The actualization of center-periphery semantics in the European Union. Przegląd socjologiczny, vol. 65, no. 4, 9–32.

Langenohl, Andreas 2019: Transkulturelle Momentaufnahmen: Zu einer kulturtheoretischen Fundierung der soziologischen Gegenwartsdiagnose. In Michael Basseler / Ansgar Nünning (Hg.), Fachdidaktik als Kulturwissenschaft: Konzepte, Perspektiven, Projekte. Trier: WVT, 243–256.

Langenohl, Andreas 2021: Displacing voting in the ›jump to the market‹: Post-socialist transition and neoliberal reform. Topos. Journal for Philosophy and Cultural Studies, no. 1, 87–106.

Majstorović, Danijela 2021: Discourse and Affect in Postsocialist Bosnia and Herzegovina: Peripheral Selves. New York.

Manolova, Polina / Kušić, Katarina / Lottholz, Philipp (eds.) 2019: Decolonial Theory and Practice in Southeast Europe. Dversia, special issue 03/19.

Martsenyuk, Tamara 2016: Sexuality and Revolution in Post-Soviet Ukraine: LGBT Rights and the Euromaidan Protests of 2013–2014. Journal of Soviet and Post-Soviet Politics and Society, vol. 2, no. 1, 49–74.

Mignolo, Walter 2011: The Darker Side of Western Modernity: Global Futures, Decolonial Options. Durham, London: Duke University Press.

Motowidlo, Jagoda 2023: Streiten auf Distanz!? Transstaatliche Familienpraxis in soziotechnischen Konstellationen. Bielefeld: transcript.

Reiter, Herwig 2012: On biographical alienation. Zeitschrift für Soziologie, 41. Jg., Heft 1, 24–40.

Schmäing, Sophie 2023: Urban Democracy in the Making: How Participatory Budgeting Reshaped State-Citizen Relations and Local Communities in Post-Maidan Ukraine. Dissertation am Fachbereich 03 Sozial- und Kulturwissenschaften, Justus-Liebig-Universität Gießen.

Solari, Cinzia 2017: On the Shoulders of Grandmothers: Gender, Migration, and Post-Soviet Nation-State Building. London, New York: Routledge.

Sonevytsky, Maria 2022: What is Ukraine? Notes on epistemic imperialism. Topos. Journal of Philosophy and Cultural Studies, no. 2, 21–30.

Spohn, Wilfried 2010: Europäische multiple Modernität als interzivilisatorische Konstellation. Berliner Journal für Soziologie, 20. Jg., Heft 1, 5–22.

Stepanenko, Viktor 2022: Ukrainian society under war: An insider's sociological notes. Przegląd socjologiczny, vol. 71, no. 3, 9–24.

Stojarová, Věra 2018: Populist, radical and extremist political parties in Visegrad countries vis à vis the migration crisis. In the name of the people and the nation in Central Europe. Open Political Science, vol. 1, no. 1, 32–45.

Tlostanova, Madina 2012: Non-European Soviet ex-colonies and the coloniality of gender, or how to unlearn Western feminism in Eurasian borderlands. In Madina Tlostanova / Walter Mignolo, Learning to Unlearn: Decolonial Reflections from Eurasia and the Americas. Columbus: Ohio State University Press, 122–149.

Vetter, Reinhold 2022: Politische Paranoia. Die antideutsche Propaganda der polnischen Rechten. Osteuropa, 72. Jg., Heft 9/10, 85–107.

Weiner, Elaine 2007: Market Dreams: Gender, Class, & Capitalism in the Czech Republic. Ann Arbor: University of Michigan Press.

Worschech, Susann 2018: Is conflict a catalyst for civil society? Conflict-related civic activism and democratization in Ukraine. In Natalia Shapovalova / Olga Burlyuk (eds.), Civil Society in Post-Euromaidan Ukraine. From Revolution to Consolidation. Stuttgart: ibidem-Verlag, 69–99.

Soziologie, 52. Jg., Heft 3, 2023, S. 330–339

Zur Neuorientierung der soziologischen Methodenausbildung

Weiterführende Überlegungen

Heinz Leitgöb, Knut Petzold, Tobias Wolbring, Annelies G. Blom

In einem kürzlich in dieser Zeitschrift veröffentlichten Beitrag legt Andreas Diekmann (2023) eine Problemskizze zum Stand der soziologischen Methodenausbildung vor und spricht sich für deren grundlegende Reform aus. Diese sei notwendig, um den modernen sozialwissenschaftlichen Forschungsstandards in der Lehre gerecht zu werden und strukturelle Defizite gegenüber anderen Disziplinen in den vermittelten Methodenkompetenzen zu vermeiden. Handlungsbedarf sieht Andreas Diekmann insbesondere in den Bereichen Datenquellen, Forschungsdesigns und Datenanalyse mit Fokus auf kausaler Inferenz, statistischer Signifikanz sowie Datenarchivierung und Open Science. Seine Diagnose und die daraus abgeleiteten Forderungen sind treffgenau, aus unserer Sicht allerdings nicht erschöpfend. Sie stellen vielmehr den Ausgangspunkt einer dringend gebotenen Diskussion über zeitgemäße Standards der soziologischen Methodenausbildung dar. Folglich ist es unser Ziel, weiterführende Überlegungen zur Neuorientierung der Methodenausbildung einzubringen. Insbesondere wollen wir auf relevante Lehrinhalte hinweisen und Fragen zur praktischen Umsetzung aufwerfen. Der Beitrag fokussiert dabei auf den Bereich der quantitativen Methodenausbildung. Zugleich hoffen wir, damit auch die Reflexion der bestehenden qualitativen Methodenausbildung in der Soziologie zu stimulieren.

Erweiterung der Lehrinhalte

Die wissenschaftlichen Einsatzmöglichkeiten der aus der digitalen Revolution der letzten Jahrzehnte hervorgegangenen technologischen Innovationen haben die empirische Sozialforschung so grundlegend und nachhaltig verändert wie keine andere Entwicklung in dieser Zeit. So hat sich etwa der eigenständige Forschungsbereich der *Computational Social Science* etabliert. Obwohl die Digitalisierung eine Querschnittsthematik repräsentiert, die alle (auch von Andreas Diekmann genannten) Methodenbereiche umfasst, lassen sich aus unserer Sicht zwei Schwerpunkte hervorheben, die für die Erweiterung der Lehrinhalte im Zuge der Modernisierung der soziologischen Methodenausbildung von ganz besonderer Bedeutung sind: (i) »neue Daten« und (ii) algorithmische Datenanalyse.

Den ersten Schwerpunkt stellt die Verfügbarkeit »neuer Daten« in bislang unbekannter Masse, Komplexität und räumlich-zeitlicher Granularität sowie in neuen Formaten und Strukturen dar, die für sozialwissenschaftliche Zwecke nutzbar gemacht werden können (zum Beispiel Edelmann et al. 2020; Golder, Macy 2014; Wolbring 2020). Diesen Daten werden kontextspezifisch unterschiedliche Bezeichnungen zugewiesen, zum Beispiel Big Data, digitale Verhaltensdaten und Prozessdaten. In aller Regel werden sie nicht auf Grundlage wissenschaftlicher Prinzipien, sondern von Institutionen wie der öffentlichen Verwaltung und privaten Unternehmen sowie auf digitalen Social-Media-Plattformen produziert.

Für die Methodenausbildung ergibt sich daraus eine Reihe von Herausforderungen. Zunächst gilt es, die Vermittlung der für die Recherche, automatisierte Gewinnung und Aufbereitung dieser »neuen Daten« erforderlichen Kompetenzen anwendungsbezogen sicherzustellen (Foster et al. 2021). Des Weiteren bedarf es zur Entwicklung von Anwendungskompetenzen der Integration von Wissensbeständen über Datentheorien, Fehlermodelle und Qualitätsstandards für diese neuen Datentypen, die allerdings aktuell noch im Aufbau begriffen sind.[1] Darüber hinaus wird vor dem Hintergrund der Ubiquität »neuer Daten« in (zunächst) nicht-numerischer Form (zum Beispiel Social-Media-Nachrichten, Bilder, Video- und Audiospuren) die Relevanz der kombinierten Vermittlung qualitativer *und* quantitativer Methodenkompetenzen evident.

1 Zur Verschränkung von Forschung und Lehre siehe zum Beispiel Amaya, Biemer, Kinyon (2020) und Sen et al. (2021).

Da von einer vollständigen Substitution traditioneller Datenerhebungsverfahren durch Big Data allerdings aus vielfachen Gründen nicht die Rede sein kann (Schnell 2019), gilt es ferner, ein komplementäres Verständnis zu etablieren, wonach verschiedene Daten zur Klärung unterschiedlicher Forschungsfragen herangezogen werden und die Verlinkung von Daten mehr als die Summe ihrer Teile ergibt (zum Beispiel Johnson, Smith 2017; Salganik 2018). Hierfür bedarf es Kompetenzen, deren Entwicklung im Rahmen der bestehenden soziologischen Methodenausbildung bislang ebenfalls stark unterrepräsentiert ist. Dies betrifft die systematische Fusionierung und Harmonisierung verschiedener Datenquellen auf unterschiedlichen Aggregationsebenen, die Augmentation von probabilistischen mit nicht-probabilistischen Stichproben (Cornesse et al. 2020) ebenso wie die Bereiche Methodenintegration, Methodenpluralismus und Mixed Methods.

Schließlich stellen die Gewinnung und Nutzung neuer Datentypen und insbesondere die Kombination verschiedener Datenquellen aus (datenschutz-)rechtlicher und ethischer Sicht besonders kritische Elemente des empirischen Forschungsprozesses dar. So ergeben sich Fragen hinsichtlich des informierten Einverständnisses sowie Risiken der De-Anonymisierung und des Missbrauchs sensibler Daten (vgl. Salganik 2018). Ferner ist zu bedenken, dass gezielte Eingriffe in virtuelle soziale Systeme, zum Beispiel im Rahmen von digitalen Feldexperimenten, aber auch von ethnographischen Studien, eine deutlich größere Reichweite haben, eine Eigendynamik entfalten können und damit in ihren Konsequenzen deutlich schwerer zu kontrollieren sind als in klassischen Feldstudien. Die soziologische Methodenausbildung sollte daher auch (verstärkt) für solche rechtlichen und ethischen Fragen sensibilisieren.

Den zweiten Schwerpunkt nimmt die Datenanalyse mittels algorithmischer Verfahren insbesondere aus dem Bereich des maschinellen Lernens (ML) ein. Die Flexibilität dieser Klasse von Verfahren erlaubt die Modellierung umfangreicher hochdimensionaler Datenmengen mit komplexen Beziehungsstrukturen, für die kein ›einfaches‹ stochastisches Datenmodell – wie typischerweise für Survey-Daten unterstellt – zugrunde gelegt werden kann, das mit der im Rahmen der bisherigen soziologischen Methodenausbildung standardmäßig vermittelten traditionellen Kultur der statistischen Modellierung (Breiman 2001) vereinbar ist. Der analytische Schwerpunkt kann somit nicht losgelöst vom vorangegangenen Datenschwerpunkt betrachtet werden, da ML-basierte Modellierungsstrategien oftmals erst die Analyse »neuer Daten« in der erforderlichen Komplexität ermöglichen.

Die wissenschaftliche Verfahrensweise unterscheidet sich im ML grundlegend von der traditionell prüfenden Statistik. An die Stelle einer auf soziologischer Theorie basierten statistischen Modellierung mit mathematischer Grundlage tritt ein iterativer Trial-and-Error-Prozess, in dem ein Algorithmus nach Festlegung von Hyperparametern über wiederholte Tests jene Modellspezifikation als exploratives Ergebnis liefert, die nach vorgegebenen Kriterien die beste Passung an die Daten aufweist. Theoretische Erklärungen werden einer induktiven Logik des Erkenntnisgewinns folgend nachgereicht oder gar nicht erst angeboten. Für die soziologische Methodenausbildung erscheint es daher essenziell, die Studierenden für die fundamentalen Unterschiede zwischen explorativer (induktiver) und theoriegeleiteter (deduktiver) Datenanalyse und deren Implikationen für Erkenntnisfortschritt und Theorieentwicklung zu sensibilisieren.

Ferner erlaubt das prognostische Potential der modernen Ansätze des überwachten maschinellen Lernens die Aufwertung der Prognose zu einem der Erklärung gleichgestellten Schwerpunkt der empirischen Sozialforschung (zum Beispiel Leitgöb, Prandner, Wolbring 2023; Watts 2014). Die Relevanz der Prognosefähigkeit der Soziologie und dabei bestehende Defizite wurden gerade erst durch die COVID19-Pandemie offensichtlich, etwa bei der Abschätzung der sozialen Folgen pandemiebezogener politischer Maßnahmen. Die soziologische Methodenausbildung stellt auch hierbei das zentrale Steuerungselement zur Kompetenzentwicklung dar. Abgesehen von der formalen Spezifikation, Evaluation und Anwendung von Prognosemodellen gilt es auch, die Methoden zur Gewinnung der erforderlichen Daten zu vermitteln.

Adaption der allgemeinen Lehrprinzipien

Neben der Neuorientierung der soziologischen Methodenausbildung bezüglich der Lehrinhalte besteht ferner die Notwendigkeit, den Blick auf die allgemeinen Lehrprinzipien zu lenken.

Zunächst sehen wir einen Bedarf für eine stärkere Verschränkung von Forschung und Lehre, insbesondere durch den zeitnahen Wissenstransfer aus der Methodenforschung in die Ausbildung. Aktuell besteht eine, von Andreas Diekmann als *cultural lag* bezeichnete, zum Teil erhebliche Diskrepanz zwischen Lehrbuchinhalten und dem aktuellen Stand der Forschung.

Außerdem stehen in vielen aufstrebenden Bereichen oftmals noch gar keine deutsch- oder wenigstens englischsprachigen Lehrbücher zur Verfügung. Exemplarisch können die zuvor angesprochenen Qualitätsaspekte für digitale Verhaltensdaten genannt werden. Da die Entwicklung von Fehlermodellen zur Abschätzung der Datenqualität gerade erst am Anfang steht, müssen die Erkenntnisse aus den ersten verfügbaren Beiträgen (vgl. Amaya, Biemer, Kinyon 2020; Sen et al. 2021) direkt in die einschlägige Methodenlehre einfließen. Angesichts der Entwicklungsdynamik im Methodenbereich stellt sich auch die grundsätzliche Frage, inwieweit das klassische Lehrbuchformat mit der Überarbeitungslogik in Form von umfassenderen Neuauflagen überhaupt noch geeignet ist, neu etabliertes Methodenwissen zeitnah und angemessen aufbereitet zur Verfügung zu stellen. Eventuell stellen inzwischen kleinere und flexiblere Formate wie digitale Handbücher oder Tutorials nicht nur in der Forschung, sondern auch in der Lehre zeitgemäße Alternativen dar.

Die soziologische Methodenlehre ist traditionell eng entlang der Schwerpunkte Datenerhebung, Datenanalyse und Statistik in voneinander weitgehend unabhängigen Lehrveranstaltungen organisiert, mitunter ergänzt um wissenschaftstheoretische Grundlagen. Dies hat zur Folge, dass den Studierenden vielfach die Ausbildung eines ganzheitlichen Verständnisses des Forschungsablaufs schwerfällt. Vor diesem Hintergrund sprechen wir uns für eine didaktische Ausgestaltung der Methodenausbildung aus, die den Fokus auf Integration legt und die isolierten Elemente von Beginn an systematisch zueinander in Beziehung setzt und miteinander verzahnt. Ziel muss es sein, den Studierenden die Interdependenzen zwischen den Entscheidungen in jeder Phase des Forschungsprozesses klar zu zeigen, damit dieser als ganzheitlicher Prozess verstanden wird, den es konsequent *a priori* zu konzipieren gilt. Damit schließt die Methodenausbildung explizit auch die Vermittlung von Kompetenzen im Bereich der soziologischen Theorien und ihrer Weiterentwicklung ein, die traditionell ebenfalls in separaten Lehrveranstaltungen behandelt werden.

Da die wissenschaftlichen Arbeitsprozesse in der empirischen Sozialforschung aufgrund von Entwicklungen wie der Digitalisierung und der Replikationskrise gerade grundlegenden Veränderungen unterworfen sind, bedarf es zeitgemäßer und präziser wissenschaftlicher Gütekriterien für soziologische Forschungsarbeiten (Otte et al. 2023). Aufgabe der Methodenausbildung muss es aus unserer Sicht daher sein, breit akzeptierte Gütekriterien in ihrer Gesamtheit anwendungsnah zu vermitteln, damit sie den Studierenden während des Studiums und darüber hinaus als Orientierung für ihre eigene Forschungstätigkeit und die kritische Bewertung anderer Arbeiten dienen.

Eng mit der Thematik der Gütekriterien verbunden ist der von Andreas Diekmann aufgeworfene Aspekt von Open Science. Die Bereitstellung von Daten, Codes und anderer Forschungsmaterialien fördert nicht nur die intersubjektive Nachvollziehbarkeit von Forschungsarbeiten zum Zweck der kritischen Reflexion und Replikation. Vielmehr wird dadurch auch die Datennachnutzung durch die Fachöffentlichkeit sichergestellt. Letztere ist ein zentrales Ziel des deutschen Wissenschaftssystems, wie etwa der aktuelle Aufbau der Nationalen Forschungsdateninfrastruktur (NFDI; www. nfdi.de) zeigt. Es gilt, die Methodenlehre als Instrument der akademischen Sozialisation strategisch und konstruktiv zu nutzen (Kressin 2022), um eine Kultur der wissenschaftlichen Transparenz und des Datenteilens sowie ein Bewusstsein für die Relevanz der Replikation bestehender Studien zu etablieren (Lazer et al. 2020; Leitgöb, Wolbring 2021).

Abschließend sprechen wir uns nachdrücklich dafür aus, universelle Statistiksoftwarepakete schon mit Beginn der grundständigen Methodenausbildung in allen datenanalytischen Lehrveranstaltungen mit Praxiselementen zu verwenden. Darunter verstehen wir Pakete, in denen Module der traditionellen frequentistischen Statistik sowie der ökonometrischen und psychometrischen Modellierung ebenso implementiert sind wie Bayes-Statistik und unterschiedliche Algorithmen zur ML-basierten Modellierung von komplexen Daten und Texten. Damit werden Studierende in die Lage versetzt, über das Studium hinweg kontinuierlich an der Entwicklung ihrer Programmierkompetenzen in einer Systemumgebung arbeiten zu können. Darüber hinaus werden hohe Transferkosten vermieden, die bei einem späteren Umstieg (zum Beispiel im Rahmen von Abschlussarbeiten) auf andere Softwarepakete anfallen würden und die Studierende von der Anwendung innovativer algorithmischer Verfahren abhalten könnten. Wie sich nicht zuletzt während der Schließung der Hochschulen während der Corona-Pandemie gezeigt hat, scheint die Verwendung von Open-Source-Softwarepaketen oder die kostenfreie Bereitstellung von Lizenz-Software als besonders zielführend, da die Lehre und die individuelle Anwendung durch die Studierenden ohne Lizenzprobleme und Kostendruck vollkommen flexibel gestaltet werden können.

Praktische Umsetzung

Die von Andreas Diekmann und uns vorgetragenen Überlegungen sind fraglos voraussetzungsvoll und offenbaren, dass eine zeitgemäße Neuorientierung der soziologischen Methodenausbildung geboten und zugleich herausfordernd ist. Es müsste eine Vielzahl von neuen Lehrinhalten berücksichtigt werden, sodass sich die Frage stellt, wie diese nachhaltig in die ohnehin bereits straffen Soziologie-Curricula auf Bachelor- und Master-Level in der deutschsprachigen Studienlandschaft integriert werden können.

Wenn man davon absieht, den zeitlichen Umfang der Methodenausbildung zumindest deutlich auszuweiten – was in der Praxis schwer, da nur auf Kosten inhaltlicher Lehrangebote realisierbar sein dürfte –, steht man vor dem Dilemma, nicht alle bisher vermittelten methodischen Inhalte beibehalten und gleichzeitig umfangreiche neue Inhalte hinzunehmen zu können. Folglich muss der Bestand an methodischen Lehrinhalten einer kritischen Prüfung unterzogen werden. Zentrale Leitfragen einer solchen Inventur sollten sein, (i) welche Themen in der soziologischen Methodenausbildung zum Mindeststandard gehören, der dann in den Bachelorstudiengängen an allen Standorten auf alle Fälle vermittelt werden soll und (ii) auf welche Inhalte zukünftig im grundständigen Bereich verzichtet werden kann. Sich als Disziplin auf solche gemeinsamen Mindeststandards in der curricularen Methodenausbildung zu verständigen, erscheint nicht nur geboten, um Friktionen beim Übergang vom Bachelor zum Master zu vermeiden, sondern auch um Unsicherheiten von potenziellen Arbeitgeberinnen und Arbeitgebern hinsichtlich der zu erwartenden methodischen Kompetenzen von Soziologinnen und Soziologen zu minimieren.

Neben der Etablierung solcher Mindeststandards erscheint es lohnenswert, über Fragen der Spezialisierung und Differenzierung von soziologischen Ausbildungsstandorten intensiver nachzudenken. Dies kann etwa durch die Einführung methodisch orientierter Wahlpflichtbereiche im Bachelor oder das Angebot fokussierter Studiengänge im Master praktisch umgesetzt werden. Ein ansprechendes Labeling ist hierbei für die erfolgreiche Positionierung und Vermarktung solcher Studienangebote nicht zu unterschätzen, denn für Studieninteressierte sind Veranstaltungs- oder Modultitel wie »Computational Social Science« und »Social Data Science« vermutlich (auch mit Blick auf die Arbeitsmarktchancen) attraktiver und zeitgemäßer als die bisher etablierten Label wie »Methoden der empirischen Sozialforschung« und »Statistik«.[2] Vielversprechend erscheinen überdies gemeinsame Lehrangebote mit anderen Disziplinen, etwa der Informatik und Mathematik, aber auch mit anderen empirischen Sozial- und Verhaltenswissenschaften. Hierdurch können einerseits spezifischere Kompetenzen aus diesen Disziplinen für die eigene Lehre gesichert und andererseits kann die zukünftige Anschlussfähigkeit für interdisziplinäre Vorhaben gesteigert werden.

Fazit

Andreas Diekmann hat mit seiner Problemskizze zur Neuorientierung der Methodenausbildung eine überfällige Debatte angestoßen, deren Impuls wir im vorliegenden Beitrag aufgegriffen und hinsichtlich der konkreten Inhalte und praktischen Umsetzung weitergedacht haben. Dabei ging es uns nicht um die Präsentation bereits fertiger Lösungen, sondern vielmehr darum, offene Fragen und mögliche Weichenstellungen zu zeigen.

Eine erfolgreiche Neuorientierung der Methodenausbildung erscheint uns für die zukünftige Rolle der Soziologie im Konzert der unterschiedlichen Wissenschaftsdisziplinen jedenfalls von außerordentlich großer Bedeutung (siehe auch Leitgöb, Wolbring 2021; Wolbring 2020). Konnten sich Soziologinnen und Soziologen über lange Zeit gerade durch ihre empirische Ausrichtung und ihre Kompetenzen abheben, Erkenntnisse über soziale Tatbestände erfahrungswissenschaftlich zu gewinnen, ist dieses Alleinstellungsmerkmal durch die Hinwendung anderer Disziplinen zu originär soziologischen Fragestellungen, die mittels elaborierter Methoden empirisch bearbeitet werden, zunehmend verloren gegangen. Durch die wissenschaftliche Erschließung neuer Datenquellen und das Aufkommen neuer algorithmischer Verfahren der Datenanalyse hat sich dieser Prozess weiter intensiviert, da nun auch Disziplinen wie die Informatik und die Datenwissenschaften stark in die soziologischen Kerndomänen vorstoßen. Es wächst die Gefahr, den Anschluss zu verlieren und gegenüber diesen Disziplinen zum Beispiel mit Blick auf die Schaffung von Professuren, die Akquise von Forschungsgeldern, die Konkurrenz um Studierende und die Arbeitsmarktchancen der Absolventinnen und Absolventen ins Hintertreffen zu geraten.

2 Siehe die verwandte Diskussion in Friedrich et al. (2022)

Gerade vor dem Hintergrund dieser Entwicklungen sollten die zahlreichen von Andreas Diekmann und uns angesprochenen methodischen, didaktischen und organisatorischen Aspekte nicht allein als schwieriges Problemfeld verstanden werden. Vielmehr bietet sich jetzt die Chance, unserem Fach über eine Neuorientierung der Methodenausbildung in Kombination mit einer Stärkung der allgemeinen soziologischen Fachkompetenz einerseits wieder zu mehr Alleinstellung gegenüber den reinen informationstechnischen Datenwissenschaften zu verhelfen. Andererseits können wir genau durch diese Kombination aus inhaltlicher Expertise mit datenanalytischer Kompetenz auch eine starke Position der Soziologie mit konzeptionell-gestalterischem Fokus im Forschungsbereich der Computational Social Science sowie in der interdisziplinär ausgerichteten Sozialforschung insgesamt sichern.

Zweifellos erfordert eine Neuorientierung der soziologischen Methodenausbildung kollektive Anstrengungen der gesamten Disziplin. Insbesondere bedarf es der zielgerichteten Überwindung von Gräben innerhalb der deutschsprachigen Soziologie, um jene Geschlossenheit herzustellen, die die notwendige Handlungsfähigkeit für ein solches Projekt gewährleistet.

Literatur

Amaya, Ashley / Biemer, Paul P. / Kinyon, David 2020: Total error in a big data world: Adapting the TSE framework to big data. Journal of Survey Statistics & Methodology, vol. 8, no. 1, 89–119. doi: 10.1093/jssam/smz056.

Breiman, Leo 2001: Statistical modeling: The two cultures. Statistical Science, vol. 16, no. 3, 199–231. doi: 10.1214/ss/1009213726.

Cornesse, Corinna et al. 2020: A review of conceptual approaches and empirical evidence on probability and nonprobability sample survey research. Journal of Survey Statistics & Methodology, vol. 8, no. 1, 4–36. doi: 10.1093/jssam/smz041.

Diekmann, Andreas 2023: Neuorientierung der Methoden-Ausbildung. SOZIOLOGIE, 52. Jg., Heft 1, 68–71.

Edelmann, Achim / Wolff, Tom / Montagne, Danielle / Bail, Christopher C. 2020: Computational social science and sociology. Annual Review of Sociology, vol. 46, 61–81. doi: 10.1146/annurev-soc-121919-054621.

Foster, Ian / Ghani, Rayid / Jarmin, Ron S. / Kreuter, Frauke / Lane, Julia (eds.) 2021: Big data and social science. Data science methods and tools for research and practice. Boca Raton: CRC Press.

Friedrich, Sarah et al. 2022: Is there a role for statistics in artificial intelligence? Advances in Data Analysis & Classification, vol. 16, no. 4, 823–846. doi: 10.1007/s11634-021-00455-6.

Golder, Scott A. / Macy, Michael W. 2014: Digital footprints: Opportunities and challenges for online social research. Annual Review of Sociology, vol. 40, 129–152. doi: 10.1146/annurev-soc-071913-043145.

Johnson, Timothy P. / Smith, Tom W. 2017: Big data and survey research: Supplement or substitute? In Piyushimita Thakuriah / Nebiyou Tilahun / Moira Zellner (eds.), Seeing cities through big data. Cham: Springer, 113–125.

Kressin, Lisa 2022: Disziplinierung durch Methode: Zur Bedeutung der Methodenlehre für das Fach Soziologie. Bielefeld: transcript.

Lazer, David M. J. et al. 2020: Computational social science: Obstacles and opportunities. Science, vol. 369, no. 6507, 1060–1062. doi: 10.1126/science.aaz8170.

Leitgöb, Heinz / Prandner, Dimitri / Wolbring, Tobias 2023: Big data and machine learning in sociology. Frontiers in Sociology, vol. 8. doi: 10.3389/fsoc.2023.1173155.

Leitgöb, Heinz / Wolbring, Tobias 2021: Die Methoden der empirischen Sozialforschung im digitalen Zeitalter. Entwicklungen, Möglichkeiten und Herausforderungen. In Tobias Wolbring / Heinz Leitgöb / Frank Faulbaum (Hg.), Sozialwissenschaftliche Datenerhebung im digitalen Zeitalter. Wiesbaden: Springer VS, 7–43

Otte, Gunnar / Sawert, Tim / Brüderl, Josef / Kley, Stefanie / Kroneberg, Clemens / Rohlfing, Ingo 2023: Gütekriterien in der Soziologie. Eine analytisch-empirische Perspektive. Zeitschrift für Soziologie, 52. Jg., Heft 1, 26–49. doi: 10.1515/zfsoz-2023-2006.

Salganik, Matthew J. 2018: Bit by bit: Social research in the digital age. Princeton: Princeton University Press.

Schnell, Rainer 2019: »Big Data« aus sozialwissenschaftlicher Sicht: Warum es kaum sozialwissenschaftliche Studien ohne Erhebungen gibt. In Daniel Baron / Oliver Arránz Becker / Daniel Lois (Hg.), Erklärende Soziologie und soziale Praxis. Wiesbaden: Springer VS, 101–125.

Sen, Indira / Flöck, Fabian / Weller, Karin / Weiß, Bernd / Wagner, Claudia 2021: A total error framework for digital traces of human behavior on online platforms. Public Opinion Quarterly, vol. 85, no. S1, 399–422. doi: 10.1093/poq/nfab018.

Watts, Duncan J. 2014: Common sense and sociological explanations. American Journal of Sociology, vol. 120, no. 2, 313–351. doi: 10.1086/678271.

Wolbring, Tobias 2020: The digital revolution in the social sciences: Five theses about big data and other recent methodological innovations from an analytical sociologist. In Sabine Maasen / Jan-Hendrik Passoth (eds.), Sociology of the digital – Digital sociology, Soziale Welt Sonderband 23. Baden-Baden: Nomos, 60–72.

Soziologie, 52. Jg., Heft 3, 2023, S. 340–352

Soziologie als Beruf – zwischen gesellschaftlicher Relevanz und Prekarität

Ina Krause, Birgit Blättel-Mink, Heike Delitz[1]

Soziologie: zwischen gesellschaftlicher Relevanz …

Die derzeit sich verschränkenden gesellschaftlichen Krisen erfordern zu ihrer politischen und gesellschaftlichen Bearbeitung eine wissenschaftliche Expertise, wie sie insbesondere im Werkzeugkoffer der Soziologie zu finden ist. So sind 2017 zahlreiche Autor*innen für die Kultivierung einer »öffentlichen Soziologie« eingetreten, das heißt für die aktive Beteiligung des Faches an der Gestaltung von Gesellschaft (Aulenbacher et al. 2017). Diese Forderung stand im Kontext der Kapitalismuskritik der Jenaer Forschergruppe »Postwachstumsgesellschaften« (vgl. Dörre, Lessenich, Rosa 2009) sowie der Kritischen Tradition des Frankfurter Instituts für Sozialforschung. Auch weiter sind es namentlich Sozialwissenschaftler*innen in dieser soziologischen Tradition, die von unserem Fach fordern, sich in die gesellschaftliche »Transformation« einzubringen, nicht zuletzt im Blick auf das »Anthropozän« (vgl. Adloff, Neckel 2022; Hoppe 2023). Zugleich sind auch andere Positionen einer gesellschaftswirksamen Soziologie zu nennen – im Spektrum zwischen einem soziologischen »Experimentalismus« (bei Vertreter*innen des Pragmatismus, Bogusz 2018) und einer Politikberatung (seitens der Vertreter*innen einer Analytischen Soziologie). Diese Debatten werden auch in dieser Zeitschrift (vgl. Bude 2022; Kraemer 2023) sowie im SozBlog der DGS geführt. Dort zeigt sich, dass die Relevanz der eigenen Expertise für die laufenden gesellschaftlichen Entwicklungen derzeit womöglich zunehmend Gegenstand der professionellen Selbstreflexion ist – weniger im Sinne einer Diskussion dieser Relevanz, als vielmehr auf der Suche nach den Wegen, wie ihr am besten gerecht zu werden sei.

---

1 Für den Ausschuss »Soziologie als Beruf« der DGS

… Wissenschafts-Anfeindungen …

Ebenso wie andere Wissenschaften, und doch in besonderer Weise, sieht sich die Soziologie zugleich einer bisher unbekannten oder jedenfalls unsichtbareren Wissenschaftsfeindlichkeit in Teilen der Bevölkerung gegenüber – eine Antihaltung, die sich insbesondere in der Pandemie offenbarte und zuspitzte, aber auch in anderen Zusammenhängen auffiel und weiter auffällt (nicht zuletzt der Klimakrise). Die Verbreitung von *fake news*, die Leugnung von Faktizität und Wissen, die Attraktivität von Verschwörungserzählungen betrifft auch die Soziologie als eine Wissenschaft unter anderen (hierzu Mau, Villa 2018). Unter den Stichworten *cancel culture* und ›Identitätspolitik‹ sieht sich die Soziologie – sehen sich Teile der Disziplin – zudem weitergehenden Angriffen ausgesetzt, namentlich eben jene Soziolog*innen, die sich mit der gesellschaftlichen Geschlechterordnung beschäftigen (siehe Hark, Villa 2015). Beide, die anti-wissenschaftlichen Positionen wie auch diese anti-soziologischen Angriffe, nötigen zu klaren Positionierungen seitens Politik und Fach. Zugleich sind sie eine Aufforderung, sich soziologisch mit diesen Tendenzen zu beschäftigen – quantitativ und qualitativ, im Blick auf Interessen und Ursachen, Effekte, Trägergruppen, Dynamiken, dominante Semantiken und so weiter.

… und der zunehmenden Prekarität der Beschäftigungsverhältnisse

Neben dieser Spannung zwischen der Bedeutung soziologischer Expertise angesichts der komplexen und dynamischen gesellschaftlichen Lage einerseits und den Wert von Wissenschaft leugnenden Bewegungen andererseits sieht sich das Fach vor eine weitere Herausforderung gestellt: Der gesellschaftlichen Relevanz der soziologischen Theorie und Forschung stehen eine unzureichende Finanzierung der Hochschulen und eine zunehmend prekäre Beschäftigungslage des akademischen Mittelbaus gegenüber. Angesichts der Wissenschaftspolitik des Bundes wird in den Universitäten von vielen Seiten seit Jahren eine Debatte geführt, die sich mit der mangelnden Grundausstattung und den schwierigen Beschäftigungsverhältnissen des Mittelbaus an Universitäten und Hochschulen ebenso wie an außeruniversitären Forschungseinrichtungen auseinandersetzt. Hier ist an die Zunahme der über Drittmittelforschung angestellten Doktorand*innen und Postdoktorand*innen ebenso zu erinnern, wie an die als höchst prekär erfahrene Form der befristeten – und immer kürzer befristeten – Beschäftigungen wissenschaftlicher Mitarbeiter*innen, denen im Ernstfall der zwangsweise Ausstieg aus der Wissenschaft droht. Ganz im Gegensatz zum politischen Auftrag, für mehr Planbarkeit wissenschaftlicher Karrieren zu sorgen, hat das 2007 eingeführte Wissenschaftszeitvertragsgesetz (WissZeitVG) deren Beschäftigungsperspektive noch unsicherer gemacht, insbesondere durch die Beschränkung befristeter Arbeitsverträge auf die Phase der Qualifikation. Das haben mehrere, auch vom BMBF selbst beauftragte, Evaluationen gezeigt (Jongmanns 2011; Gassmann, Groß, Benkel 2020; Sommer et al. 2022; Kuhnt, Reitz, Wöhrle 2022). Seit Jahren fordern Wissenschaftsverbände (unter ihnen auch die DGS) daher die Abschaffung des Gesetzes sowie eine grundlegende Reform der Finanzierung der Hochschulen zugunsten höherer Grundausstattungen und mehr Dauerstellen. Den auch einer breiteren Öffentlichkeit sichtbaren Höhepunkt dieser Debatte stellt seit Sommer 2021 die Twitter-Initiative *#ichbinhanna* dar, die auch zu einer Publikation bei Suhrkamp geführt hat (Bahr, Eichhorn, Kubon 2022). Wie diese Initiative, so kämpfen auch die Gewerkschaft Erziehung und Wissenschaft (GEW) sowie die Vereinte Dienstleistungsgewerkschaft (ver.di) und das Netzwerk für Gute Arbeit in der Wissenschaft (NGAWiss) für bessere Beschäftigungsverhältnisse in der Wissenschaft. Die steigende Unsicherheit der Beschäftigung in der Wissenschaft betrifft auch eine große Anzahl an Soziolog*innen – und steht im Kontrast sowohl zur zunehmenden gesellschaftlichen Bedeutung wissenschaftlichen Wissens ganz generell und der Dringlichkeit soziologischer Expertise und Forschung im Speziellen. In mehreren Stellungnahmen hat sich der Vorstand der DGS in Reaktion auf Diskussionsrunden des BMBF zum WissZeitVG entsprechend zu Wort gemeldet. So hieß es in einer gemeinsamen Stellungnahme mehrerer Verbände im Februar 2022:

> »Als Wissenschaftsverbände sind wir seit vielen Jahren mit den problematischen Auswirkungen des WissZeitVG befasst. Als nationale Interessenvertretungen beunruhigt uns insbesondere der Umstand, dass das Gesetz durch individuelle Universitätsverwaltungen höchst unterschiedlich ausgelegt wird. Obwohl das Gesetz Rechtssicherheit auf nationaler Ebene schaffen sollte, trägt es maßgeblich zur Verunsicherung bei, etwa wenn es bei der Gestaltung von Einstellungsverfahren und Verträgen willkürlich und restriktiv interpretiert wird. Es fungiert so als Instrument administrativer Absicherung und gerät zum Hindernis für die Forschung und Konkurrenzfähigkeit des Wissenschaftsstandorts Deutschland.« (Mayer, Raphael, Villa Braslavsky 2022: 196)

Und angesichts der Veröffentlichung des »Eckpunktepapiers« des BMBF für die anstehende Novellierung des Gesetzes (vom 17. März 2023) lautet die Stellungnahme des DGS-Vorstands im April 2023:[2]

»Wie viele andere Akteur*innen aus der Wissenschaft […] hält auch die DGS das am 17.03.2023 vorgelegte Eckpunktepapier des BMBF für nicht geeignet, eine dringend notwendige Verbesserung der Situation der wissenschaftlich Beschäftigten zu erzielen. Insbesondere die geplante Verkürzung von Befristungen in den ›Qualifikationsphasen‹ (Promotion und Postdoc-Phase) von heute sechs auf zukünftig drei plus zwei Jahre ist kontraproduktiv für die Qualität des Wissenschaftssystems in Deutschland und katastrophal für die Beschäftigten. In zahlreichen Diskussionsrunden mit dem BMBF und in mehreren Stellungnahmen […] hat die DGS – in Zusammenarbeit mit anderen Fachverbänden – Folgendes immer betont: Die gesetzliche Vorgabe einer Höchstbefristungszeit für Stellen in Lehre und Forschung ist für das Wissenschaftssystem dysfunktional. Denn: Innovative und gründliche Forschung braucht in allen Disziplinen Zeit, Verlässlichkeit, Fehlerkultur. Das bedeutet aber: Fluktuation, Prekarität, Ungewissheit und Abhängigkeit in bislang extrem hierarchischen Arbeitsformen schaden der Qualität von Forschung und Lehre.«

Veranstaltung »Soziologie als Beruf – Zwischen gesellschaftlicher Relevanz und Prekarität« auf dem DGS-Kongress in Bielefeld 2022

Im Folgenden wollen wir – nicht allein zu Dokumentationszwecken, sondern auch für die weitere Auseinandersetzung mit dem WissZeitVG – die zum Thema »Soziologie als Beruf« organisierte Veranstaltung beim Bielefelder Kongress in Erinnerung rufen: Organisiert vom Ausschuss »Soziologie als Beruf« brachte die Veranstaltung Vertreter*innen von Politik, *#ichbinhanna* und Soziologie (Wissenschafts- und Hochschulforschung) auf ein Podium. Die Mitglieder des DGS-Ausschusses Ina Krause, Cedric Jürgensen und Birgit Blättel-Mink skizzierten die Idee der Veranstaltung, indem sie auf die erwähnte paradoxe Situation der Soziologie ›zwischen gesellschaftlicher Relevanz und struktureller Ignoranz‹ eingingen. Tilman Reitz von der Universität Jena führte anschließend in die Debatte ein und brachte sie in Verbindung mit der laufenden Reform des WissZeitVG. Er betonte die Bedeutung

2 Den gesamten Text der Stellungnahme finden Sie in diesem Heft auf Seite 353.

einer aktiven Auseinandersetzung mit dem Veranstaltungsthema für den Erhalt der Qualität von Forschung und Lehre im Fach. Reitz, der in der Evaluation des WissZeitVG auch selbst aktiv ist, erinnerte zudem an einige Ankerpunkte der Debatte um die Reform des WissZeitVG: die Forderung nach einer Erhöhung der Grundfinanzierung, den Diskurs um die Departmentstruktur als mögliches Modell für die Schaffung von Dauerstellen durch Umwidmung befristeter Stellen oder die Zusammenlegung von Mitteln und die Uneinheitlichkeit des Umgangs mit den Vorgaben des WissZeitVG auf Ebene der Länder und in den Hochschulen. In seiner Anmoderation betonte Reitz:

»Wissenschaft wird in der sogenannten Wissensgesellschaft tatsächlich benötigt und nicht zuletzt öffentlich organisiert, aber die nicht-professoralen Beteiligten werden dabei nicht gut behandelt. Für die zukünftige Leistungsfähigkeit des Systems wird entscheidend sein, wie Hierarchien, Abhängigkeiten und dem Verschleiß hoch ausgebildeter Kräfte effektiv entgegengewirkt werden kann.«

Die Staatssekretärin im Niedersächsischen Ministerium für Wissenschaft und Kultur Sabine Johannsen gab anschließend ein Statement als Vertreterin der Wissenschaftspolitik ab. Des Weiteren sprach Kristin Eichhorn von der Universität Stuttgart für die Initiative *#ichbinhanna* und Roland Bloch (Zentrum für Schul- und Bildungsforschung, Halle an der Saale) vertrat die Perspektive der Wissenschafts- und Hochschulforschung. Tilman Reitz moderierte die Diskussion. Zusätzlich bereicherten die Podiumsgäste Klaus Dörre (Universität Jena) und Andrea Hense (Soziologisches Forschungsinstitut Göttingen) die Debatte mit ihren Positionen. Kristin Eichhorn berichtete zunächst, dass sie in die Stakeholder*innen-Gespräche des FDP-geführten BMBF eingebunden ist.[3] Sie legte sodann die Position von *#ichbinhanna* dar (vgl. Bahr, Eichhorn, Kubon 2022): die Forderung nach einer Beschränkung des Terminus ›Qualifikation‹ (und damit der Befristung) auf die Promotionsphase; eine für diese garantierte Mindestvertragslaufzeit von vier Jahren (mit mindestens 65, besser 100 Prozent Vertragsarbeitszeit); und die Entlastung der Promovierenden von administrativen Aufgaben und Lehrverpflichtungen. Eichhorn ging davon aus, dass diese Forderungen – die nur die Promotionsphase betreffen – vergleichsweise gut auszuhandeln seien. Für die PostDoc-Phase fordert *#ichbinhanna* eine Abschaffung der Befristungsregel des WissZeitVG. Gegenüber dem Tenure Track als unter anderem von der

3 Ebenso wie die Vorsitzende der DGS, Paula Irene Villa-Braslavsky und deren Vorgängerin Birgit Blättel-Mink.

Hochschulrektorenkonferenz favorisiertem Weg spricht sich *#ichbinhanna* für eine Steigerung unbefristeter Stellen jenseits der Professur aus (›Dauerstellen für Daueraufgaben‹). Notwendig sei dazu eine Reform der Personalstruktur des Wissenschaftssystems; und des Verhältnisses von grundfinanzierter zu drittmittelfinanzierter Forschung.

Roland Bloch berichtete über eine von der Max-Traeger-Stiftung finanzierte Studie zu den Arbeits- und Beschäftigungsbedingungen an deutschen Hochschulen (vgl. Bloch et al. 2021): Die Zahl der Stellen im Mittelbau ist demnach in den letzten 15 Jahren am schnellsten gewachsen, so dass diese mittlerweile über zwei Drittel des wissenschaftlichen Personals ausmachen. Dem entspricht, dass der Anteil der unbefristeten Beschäftigungsverhältnisse immer mehr zurückgegangen ist. Nur noch ein Fünftel des wissenschaftlichen Personals an den Universitäten wird unbefristet beschäftigt, und dies sind hauptsächlich Professor*innen. Damit ist die Befristungsquote an deutschen Hochschulen erheblich höher als in anderen europäischen Hochschulsystemen. Staatliche Förderprogramme haben bislang nichts an diesen Beschäftigungsbedingungen in der Wissenschaft geändert. So hat die Exzellenzinitiative des Bundes und der Länder mit ihrem enormen Mitteleinsatz lediglich zu einer Erhöhung des Anteils des befristet beschäftigten Mittelbaus geführt, ohne diesem längerfristige Perspektiven zu bieten. Auf der Ebene einzelner Hochschulen bestehen allerdings erheblich Unterschiede in den Anteilen unbefristeten wissenschaftlichen Personals unterhalb der Professur, wobei weiter hinterfragte werden müsse, ob dies Resultat organisationaler Strategien oder spezifischer lokaler Konstellationen ist. Roland Bloch konstatierte in seinem Vortrag:

> »Für die meisten Universitätsleitungen stellt sich gar nicht die Frage, warum sie ihr Personal langfristig binden sollten. Es gibt kaum externe Anreize dafür und es entspricht nicht dem Selbstverständnis der Universität als Qualifizierungsinstanz. Sollen sie Dauerstellen oder neue Karrierewege jenseits der Professur einführen, müssten sie zunächst ein Interesse an ihrem Personal entwickeln.«

Sabine Johannsen stellte unter Verweis auf Max Webers »Wissenschaft als Beruf« fest, dass die Wissenschaftsministerien auf Länderebene sich damit beschäftigen, welchen Beitrag ein Fach für die Lösung gesellschaftlicher Probleme leiste. Sie betonte auch, dass die Politik gerade in Zeiten des Umbruchs beziehungsweise rascher, oft unintendierter und unvorhergesehener Veränderungen die soziologische Expertise schätze und anerkenne – unter anderem, um gesellschaftliche Spaltungen oder die Zunahme sozialer Ungleichheit zu verstehen. Zugleich konzedierte sie, dass wir in einer Zeit leben, in der die Wissenschaft selbst kritisiert wird, insbesondere, wenn deren Ergebnisse bestimmten politischen Positionen als ›nicht genehm‹ erscheinen. Um gerade zu solchen Themen, gleichwohl Aufklärung zu leisten, sei sich die Politik der Bedeutung der Soziolog*innen bewusst (im Übrigen auch solcher außerhalb der Wissenschaft). *Soziologie als Beruf* in diesem Sinne sei also von großer gesellschaftlicher Relevanz. Auch wenn die Befristungspraxis in der Wissenschaft kritisch zu sehen sei, so gelte doch auch, dass eine wissenschaftliche Karriere nur eine von mehreren Möglichkeiten für Absolvent*innen sei und bleiben müsse. Aufgabe der Politik sei es nicht, jede*r Soziolog*in zu einer akademischen Karriere zu verhelfen. Ungeachtet dessen müsse auch hier die Planbarkeit einer beruflichen Laufbahn verbessert werden, unter anderem durch rechtliche Rahmenbedingungen und deren Transparenz. Das WissZeitVG biete einen guten Rahmen, auch wenn die Anwendungspraxis in den Hochschulen kritisch zu sehen und eine Reform dringend notwendig sei. Hierzu begrüßte sie Sondierungsgespräche des Ministeriums. Sie befürwortete für die Phase der Promotion weiterhin Befristungen (auf 100-Prozent-Stellen). Für die Post-Doc-Phase unterschied sie zwischen Haushalts- und Drittmittelstellen: Für letztere sei eine Befristung unausweichlich, allerdings steige der Anteil solcher Beschäftigungen zu sehr, was zum inakzeptablen Anstieg von Befristungen insgesamt beigetragen habe. Wichtig sei, dass auch Drittmittelstellen adäquat ausgestattet sind, und eine Teilzeitbeschäftigung (mit Blick auf die faktische Mehrarbeit) daher die Ausnahme sein sollte. Johannsen forderte zudem mehr Chancen zur Entfristung jenseits der Professur, zum Beispiel im Wissenschaftsmanagement.

In Reaktion auf die drei Statements und unter Verweis auf arbeitsmarktsoziologische Forschung verwies Klaus Dörre in der anschließenden Podiumsdiskussion darauf, dass sich der Arbeitsmarkt in Deutschland in einem Strukturbruch vom Nachfrage- zum Anbieter*innenmarkt befinde, viele verfügbaren Stellen seien aktuell nicht zu besetzen. Dies betreffe auch den wissenschaftlichen Arbeitsmarkt, der wegen der erwähnten Probleme für jüngere Wissenschaftler*innen zunehmend unattraktiv werde. Es bedürfe daher einer Umgestaltung der Rahmenbedingungen der Beschäftigung. Während in der Privatwirtschaft zumindest einzelne Unternehmen bereits die Vier-Tage-Woche einführten – um in der Konkurrenz um knappe Fachkräfte Vorteile zu haben – nähmen die Hochschulleitungen das Missverhältnis von Angebot und Nachfrage beziehungsweise der Vorstellung von *guter Arbeit* in der Gesellschaft noch gar nicht wahr. Für die Sozialwissenschaften bedeute dies, dass verstärkt Forschungsprojekte zu diesem *Transformationsprozess* durchgeführt werden müssten. Darüber hinaus brauche es eine langfristige Forschungspraxis sowie die Stärkung von Anwendungsbezügen auch in der Soziologie. Dörre führte dazu aus:

»Transformationsforschung muss langfristig angelegt sein, sonst ist sie wenig aussagekräftig und bewirkt auch nicht viel. Momentaufnahmen sind in dynamischen Umbruchprozessen wenig hilfreich; kaum liegen Forschungsergebnisse vor, hat sich der Forschungsgegenstand schon wieder verändert. Und wenn Wissenschaftler*innen zur Hälfte der Projektlaufzeit schon wieder neue Forschungsgelder akquirieren müssen, wird der Wissenstransfer schwierig. Außerdem: Wir benötigen eine Öffnung der Universitäten, auch für berufliche Praktiker*innen ohne Abitur. Das erfordert besondere Studiengänge, eine darauf zugeschnittene Didaktik und Abschlüsse wie zum Beispiel den des Transformations-Lotsen. Das alles geht nur mit Langfristperspektive.«

Mit Blick auf Konzepte für mehr Dauerstellen erwähnte Dörre die Jenaer Departmentstruktur. Diese setze jedoch Antworten auf die Frage voraus, wo Einsparungen getätigt werden können, solange die Grundfinanzierung nicht signifikant erhöht wird. Statt einer Verringerung der Zahl an Professor*innen (für die er eher Lehrdeputatsreduktionen fordert) hält Dörre die Schaffung von Dozent*innenstellen für den besten Weg.

Birgit Blättel-Mink berichtete von Bemühungen an ihrer Universität, ein sogenanntes »Dauerstellenkonzept« zu entwickeln. Dabei soll es sowohl einen *Advanced Academic Track* als auch einen *Advanced Teaching Track* geben, die beide – von den Fachbereichen finanziert – unbefristete Stellen jenseits der Professur ermöglichen, gleichzeitig jedoch den Weg in die Professur offen halten sollen. Bemerkenswert ist, dass die Lehrbelastung im *Teaching Track* bei zwölf Lehrveranstaltungsstunden liegen würde, im *Academic Track* bei vier plus Übernahme besonderer Aufgaben in der akademischen Selbstverwaltung. Hier gilt es kritisch anzumerken, dass ein übermäßiges Lehrdeputat die eigene Forschung behindert und damit die Chancen für eine Profilierung in der Disziplin verringert. Zudem sollte das Geschlechterverhältnis zwischen den *Tracks* ausgeglichen sein.

Andrea Hense verwies in ihrem einführenden Statement zur Podiumsdiskussion unter Hinweis auf die Arbeitsforschung auf die Belastungen durch Langzeit-Befristungen, die als prekär und unsicher erfahren werden. Sie erwähnte, dass dies die Gesundheit, das individuelle Wohlergehen sowie die Arbeits- und Paarbeziehungen schädigt. Selbst wenn retrospektiv betrachtet Beschäftigungs- und Einkommensstabilität erreicht wird, hat die subjektive Antizipation einer gefährdeten Erwerbsteilhabe Folgewirkungen.

Auch die Hochschulleitungen trügen diesbezüglich Verantwortung.[4] Hense berichtete von ihren *best practice*-Erfahrungen als Mitarbeiterin beim SOFI: Dort sind die Post-Docs zumeist entfristet, die Promovierenden aufgrund einer Betriebsvereinbarung mindestens für drei Jahre beschäftigt, Daueraufgaben und Akquisetätigkeiten werden unter den Mitarbeiter*innen verteilt und das Akquiserisiko kollektiv abgefedert. Der Forschungsalltag im SOFI sei daher anstelle von Konkurrenz durch Kooperation geprägt, ein vorzeitiges Verlassen des Projektes aufgrund von Jobwechseln unüblich und neben Grundlagenforschung auch Transferforschung möglich. Dieses Arbeitsmodell steht jedoch seit einiger Zeit unter Druck, weswegen Hense für den Ausbau unbefristeter Beschäftigung die politische Notwendigkeit einer Änderung des Vergaberechts betonte und weiter kritisierte:

»Für mich ist es unverständlich, warum andere Wirtschaftszweige trotz schwankender Auftragslage entfristet einstellen können und innerhalb der Wissenschaft mit dem Verweis auf Innovation und einen noch zu entwickelnden ›Nachwuchs‹ an Organisationskonzepten festgehalten wird, die für die Beschäftigten, die Arbeitsorganisation und die Arbeitserfüllung mit gravierenden Nachteilen verbunden sind. Hier ist meines Erachtens eine größere Diversität von Organisationskonzepten notwendig.«

Hense zufolge braucht es eine gesellschaftspolitische Debatte über die Frage der Entfristung von Wissenschaftler*innen jenseits der Professur sowie verbesserte Möglichkeiten des Mittelbaus, Projektanträge nicht nur selbst zu schreiben, sondern auch eigenständig einzureichen.

Die anschließende Diskussionsrunde warf weitere Fragen auf, wie etwa: Wer für die Entfristung wissenschaftlichen Personals eigentlich zuständig sei? Welche Konsequenzen von Entfristung den Gesetzgeber und die Hochschulen abhielten, entsprechende Beschäftigungsmodelle wieder einzuführen? Und: Ob befristete Beschäftigung immer zu einer prekären Beschäftigungssituation führen muss?

Bloch verwies mit Hense auf die Hochschulen als befristende Instanzen; auch argumentierte er, dass die Entfristung prinzipiell keine Mehrkosten verlange, während Johannsen die negativen Konsequenzen von Entfristungen wie mangelnde Flexibilität der Hochschulen, Probleme im Blick auf deren Qualifizierungsauftrag betonte. Sie bekräftigte die Notwendigkeit der Hochschulen, Spielräume in den Vertragsverhältnissen zu erhalten. Zur Lösungsfindung sei hier zudem die Landes- und Bundesfinanzpolitik gefragt. Dörre

4 Unter anderem, indem diese aus Angst vor Entfristungsklagen ihren Spielraum für Folgebeschäftigungen nicht nutzen.

argumentierte im Anschluss daran, dass die Befristung in der Qualifizierungsphase nicht zwangsläufig mit Prekarität einhergehe; er forderte Gestaltungsspielräume, die es etwa ermöglichten, wissenschaftliche Leistungen auch aus Forschungsprojekten anzuerkennen, sowie eine Möglichkeit der Entfristung nach Projektbeschäftigung. Er wies zudem auf die begrenzten Entscheidungsmöglichkeiten der direkten Vorgesetzten (Professor*innen) hin. Eichhorn forderte die Verringerung des Wettbewerbsdrucks an den Hochschulen sowie eine Debatte um die Personalstruktur;[5] zugleich stimmte sie Dörres Ausführungen zum Wandel des Arbeitsmarkts zu. Hense warnte vor einem zu hohen Erfolgs- und Qualifizierungsdruck im Wissenschaftssystem, was zu mangelnder Qualität von Forschungsergebnissen zu führen drohe.

In der weiteren Diskussion wurde das Spannungsfeld der gesellschaftlichen Relevanz einer qualitativ hochwertigen Forschungs- und Lehrpraxis in den Fächern Soziologie und Sozialwissenschaft vor dem Hintergrund einer Kulisse zunehmender Wissenschaftsfeindlichkeit einerseits und prekärer Beschäftigungspraktiken andererseits näher ausgeleuchtet. So wurde argumentiert, dass die aktuell notwendige Fokussierung von Beschäftigten im Mittelbau auf die eigenen Karriereziele aufgrund des eng gesteckten Zeitrahmens für die Realisierung von eigenen Forschungs- und Qualifikationsarbeiten oftmals zu Lasten der Qualität von Lehre in den Fächern gehe. Angesprochen wurde dabei auch die Verantwortung des Faches, über die Lehre in anderen Fächern und insbesondere die Ausbildung von Lehramtsstudierenden, in die Gesellschaft hineinzuwirken. Derzeit stellt sich gerade dieser Weg des Transfers von soziologischem Wissen als besonders unattraktives, weil der Profilierung nicht dienliches Arbeitsfeld dar. Gefragt wurde in diesem Zusammenhang, ob nicht eine Entkopplung von Qualifikation und Befristung – eine Lösung vom Mythos Befristung – notwendig wäre, um diesen Entwicklungen entgegenzuwirken. Der hohe Druck, der aktuell in der Qualifizierungsphase herrscht, wurde somit in mehrerlei Hinsicht als kontraproduktiv herausgearbeitet. Er mindere nicht nur die Qualität der Lehre und des Wissenstransfers über Lehrtätigkeiten im Fach, sondern schränke zudem die Umsetzung einer guten soziologischen Forschungspraxis ein (vgl. hierzu auch Baecker 2023). Das WissZVG hat somit die Freiräume für die Entwicklung und Realisierung eigener Forschungsideen gerade für Mittelbaubeschäftigte in der Qualifikationsphase, aber auch für betreuende Professor*in-

5 Unter anderem hat die GEW dazu Konzepte vorgelegt.

nen wesentlich verringert. Erschwerend kommt die unterschiedliche Handhabung der Vorgaben des Gesetzes durch die verschiedenen Hochschulen und Universitäten im Bundesgebiet hinzu: Es brauche, so argumentierte Birgit Blättel-Mink, mehr Einheitlichkeit und klare Regeln – gerade auch, um individuelle Wechsel im Hochschulsystem realisieren zu können. Bloch betonte auf Basis seiner Forschungsbefunde, dass die Einheitlichkeit an den Hochschulen schwer herzustellen sei, in Zukunft sollte es allerdings zumindest ein gemeinsames Einsetzen für bessere Arbeitsbedingungen geben. Dass die beschriebenen Dynamiken sich letztlich auch auf die Studienzugangszahlen sowie die Gewinnung von Nachwuchskräften aus den Reihen der eigenen Studierenden auswirken, zeigten die Rückmeldungen der Studierenden: Sie warnten davor, Prekarität anzutrainieren, und verwiesen darauf, dass die Arbeit in der Wissenschaft unter den aktuellen Rahmenbedingungen immer mehr an Attraktivität verliere. Auch die Perspektive der Studierenden des Faches ist somit durch eine Ambivalenz gekennzeichnet. Die wachsende inhaltliche Attraktivität des Studienfaches steht einer Realität der Minderwertschätzung von Lehr- und Ausbildungstätigkeit im Fach gegenüber und bietet einer selbstbewussten und reflektierten Studierendenschaft nur wenig Anreize, selbst den Weg einer wissenschaftlichen Laufbahn einzuschlagen.

Aufruf zu Debatten

Die Diskussion um die Wissenschaftspolitik wird fortgesetzt werden (müssen) – in den Gremien der DGS und vor allem in der Mitgliedschaft. Das gilt gerade auch angesichts des noch ausstehenden Referentenentwurfs der Novelle des WissZeitVG. Es gilt nicht zuletzt mit Blick auf die eingangs skizzierte gesellschaftliche Relevanz oder Dringlichkeit unseres Faches. Der Ausschuss »Soziologie als Beruf« und die Beauftragten für Beschäftigungsverhältnisse im Vorstand der DGS Heike Delitz und Uta Karstein würden es begrüßen, wenn sich möglichst viele Mitglieder der DGS an dieser Debatte um das WissZeitVG und die Beschäftigungen von Wissenschaftler*innen beteiligten – in Forschungen und Publikationen, im SozBlog, in den Veranstaltungen der Sektionen, in den Gremien der Universitäten, und in der außeruniversitären Öffentlichkeit, auf Tagungen und so weiter. Dasselbe gilt im Übrigen auch für die oben erwähnten Debatten: die Spannung zwischen gesellschaftlicher und universitärer Bedeutung von Soziologie einerseits und der zunehmenden Demotivierung der befristet beschäftigten Soziolog*innen andererseits; und die Angriffe auf die Soziologie beziehungsweise auf einzelne Felder der Soziologie.

Literatur

Adloff, Frank/ Neckel, Sighard (Hg.) 2022: Gesellschaftstheorie im Anthropozän. Frankfurt am Main: Campus.

Aulenbacher, Brigitte/ Burawoy, Michel/ Dörre, Klaus/ Sittel, Johanna 2017: Öffentliche Soziologie. Wissenschaft im Dialog mit der Gesellschaft. Frankfurt am Main: Campus.

Baecker, Dirk 2023: Unter falschen Namen. Ein Kommentar zum Protest gegen die Reform des WissZeitVG. Soziopolis. 23. April 2023. www.soziopolis.de/unter-falschem-namen.html, letzter Aufruf 4. Mai 2023.

Bahr, Amrei / Eichhorn, Kristin / Kubon, Sebastian 2022: #IchBinHanna. Prekäre Wissenschaft in Deutschland. Frankfurt am Main: Suhrkamp.

Bloch, Roland / Krüger, Anne K. / Hartl, Jakob / Würmann, Carsten 2021: Arbeits- und Beschäftigungsbedingungen an Hochschulen in Deutschland. Politische Steuerungsversuche und ihre Effekte seit 2006. Bielefeld: Bertelsmann.

Bogusz, Tanja 2018. Experimentalismus und Soziologie. Von der Krisen- zur Erfahrungswissenschaft. Frankfurt am Main: Campus.

Bude, Heinz 2022: Aus dem Maschinenraum der Beratung in Zeiten der Pandemie. SOZIOLOGIE, 51. Jg., Heft 3, 245–255.

Dörre, Klaus / Lessenich, Stephan / Rosa, Hartmut 2009: Soziologie – Kapitalismus – Kritik. Eine Debatte. Unter Mitarbeit von Thomas Barth. Frankfurt am Main: Suhrkamp.

Gassmann, Freya / Groß, Jascha / Benkel, Cathrin 2020: Das Wissenschaftszeitvertragsgesetz. Eine Evaluation der Novellierung von 2016. Frankfurt am Main: Gewerkschaft Erziehung und Wissenschaft. www.gew.de/evaluaionwisszeitvg, letzter Aufruf am 21. April 2023.

Hark, Sabine / Villa, Paula-Irene (Hg.) 2015: Anti-Genderismus. Sexualität und Geschlecht als Schauplätze aktueller politischer Auseinandersetzungen. 2. Aufl., Bielefeld: transcript.

Hoppe, Katharina 2023: Öffentliche, parteiliche, positionierte Soziologie, SOZIOLOGIE, 52. Jg., Heft 2, 162–177.

Jongmanns, Georg 2011: Evaluation des Wissenschaftszeitvertragsgesetzes (WissZeitVG). Gesetzesevaluation im Auftrag des Bundesministeriums für Bildung und Forschung. HIS: Forum Hochschule 4/2011.

Kraemer, Klaus 2023: Was kann die Soziologie im Schockzustand einer Krise leisten. Eine Entgegnung auf Heinz Bude, SOZIOLOGIE, 52. Jg., Heft 1, 7–25.

Kuhnt, Mathias / Reitz, Tilman / Wöhrle, Patrick 2022: Arbeiten unter dem Wissenschaftszeitvertragsgesetz: Eine Evaluation von Befristungsrecht und -realität an deutschen Universitäten. Dresden: TU Dresden. https://nbn-resolving.org/urn:nbn:de:bsz:14-qucosa2-791926, letzter Aufruf am 21. April 2023.

Mau, Steffen / Villa, Paula-Irene 2018: Von angeblich alternativlosen und alternativen Fakten: Angriffe auf die Wissenschaft und wie die Soziologie damit umgehen könnte. SOZIOLOGIE, 47. Jg., Heft 3, 273–283.

Mayer, Ruth / Raphael, Lutz / Villa Braslavsky, Paula-Irene 2022: Wissenschaftszeitvertragsgesetz abschaffen – Grundfinanzierung der Universitäten stärken. Erklärung zahlreicher Wissenschaftsverbände zur Prekarität wissenschaftlicher Laufbahnen und #ichbinhanna. SOZIOLOGIE, 51. Jg., Heft 2, 196–198.

Sommer, Jörn / Jongmanns, Georg / Book, Astrid / Rennert, Christian 2022: Evaluation des novellierten Wissenschaftszeitvertragsgesetzes. Berlin: Bundesministerium für Bildung und Forschung. www.bmbf.de/SharedDocs/Downloads/de/2022/abschlussbericht-evaluation-wisszeitvg.html, letzter Aufruf am 21. April 2023.

Stellungnahme zur anstehenden Novellierung des Wissenschaftszeitvertragsgesetzes

Die Deutsche Gesellschaft für Soziologie (DGS) begrüßt das Ziel, mittels der Novellierung des Wissenschaftszeitvertragsgesetzes (WissZeitVG) die »Verlässlichkeit, Planbarkeit und Transparenz« der Beschäftigungschancen für Wissenschaftler:innen in der »Qualifikationsphase« zu erhöhen.[1] Die Soziologie hat zu den Themen Beschäftigungsverhältnisse und Karrierewege in der Wissenschaft umfangreiche, evidenzbasierte Expertise. Dazu gehört auch die jüngste Evaluation des WissZeitVG vom Mai 2022. Vor diesem Hintergrund nehmen wir Stellung:

Wie viele andere Akteur:innen aus der Wissenschaft – Fachverbände, Gewerkschaften, Initiativen des Mittelbaus um #ichbinhanna und das Netzwerk für Gute Arbeit in der Wissenschaft (NGAW), eine Vielzahl von Professor:innen aller Disziplinen[2] – hält auch die DGS das am 17.03.2023 vorgelegte Eckpunktepapier des BMBF für nicht geeignet, eine dringend notwendige Verbesserung der Situation der wissenschaftlich Beschäftigten zu erzielen. Insbesondere die geplante Verkürzung von Befristungen in den »Qualifikationsphasen« (Promotion und Postdoc-Phase) von heute sechs auf zukünftig drei plus zwei Jahre ist kontraproduktiv für die Qualität des Wissenschaftssystems in Deutschland und katastrophal für die Beschäftigten.

In zahlreichen Diskussionsrunden mit dem BMBF und in mehreren Stellungnahmen[3] hat die DGS – in Zusammenarbeit mit anderen Fachverbänden – Folgendes immer betont: Die gesetzliche Vorgabe einer Höchstbefristungszeit für Stellen in Lehre und Forschung ist für das Wissenschaftssystem dysfunktional. Denn: Innovative und gründliche Forschung braucht in allen Disziplinen Zeit, Verlässlichkeit, Fehlerkultur. Das bedeutet aber: Fluktuation, Prekarität, Ungewissheit und Abhängigkeit in bislang extrem hierarchischen Arbeitsformen schaden der Qualität von Forschung und Lehre. Die im Eckpunktepapier vorgeschlagenen Verschärfungen der geltenden Befristungsregelungen werden negative Auswirkungen, die das Befristungsregime jetzt schon hat, verschärfen: Den selbst mitverursachten brain drain der talentiertesten Forscher:innen und die Verschlechterung der Lehre wird die Novelle in der geplanten Form weiter befeuern. Dass das WissZeitVG die

1 https://www.bmbf.de/SharedDocs/Downloads/de/2023/230317-wisszeit vg.html

2 https://tubcloud.tu-berlin.de/s/eJDLgfc CC26FdGq

3 https://soziologie.de/aktuell/news/erklaerung-von-wissenschaftsverbaenden

selbstgesteckten Ziele nicht erfüllt hat, weiß das BMBF dank mehrerer Evaluationen, die es z. T. selbst beauftragt hat.

Vor diesem Hintergrund irritiert es umso mehr, dass das »Eckpunktepapier« die Befristungslogik nun noch zu verschärfen vorschlägt. Die Kürzung der Höchstbefristungsdauer für die Postdoc-Phase widerspricht nicht nur allem, was die wissenschaftliche Arbeit in dieser Zeit erfordert (wissenschaftlicher Profilierung durch Drittmittelanträge und -forschungen, Publikationen in einschlägigen Fachzeitschriften, von denen viele mehrere Jahre in Anspruch nehmen, Übernahme von Aufgaben in der akademischen Selbstverwaltung, innovativer Lehre, dem Aufbau von Netzwerken usw.), sondern fällt zudem in die Lebensphase, in der viele Wissenschaftler:innen eine Familie gründen und familiäre Care-Aufgaben übernehmen. Verdichtung und Prekarisierung in dieser Phase wirken nachweislich zu Ungunsten von Wissenschaftlerinnen, insbes. Müttern in der Wissenschaft.

Wir als DGS fordern vom BMBF eine Reform der Beschäftigungsstrukturen, die den Wissenschaftsstandort Deutschland stärkt und nicht weiter schwächt. Für die Beratung dazu müssen unter den verschiedenen Interessengruppen neben den Hochschulleitungen entscheidend auch und vor allem die in der Wissenschaft, in Lehre und Forschung selbst aktiv Tätigen beteiligt werden. Exzellente, auch international wettbewerbsfähige Forschung und Lehre braucht Verlässlichkeit, Planbarkeit, Zeit. Sie braucht in Deutschland zudem deutlich mehr langfristige bzw. Dauerstellen in der Breite, auch neben, unterhalb, abseits der (traditionellen) Professur, weshalb die weitere Diskussion über das WissZeitVG auch nicht abgelöst von Fragen der Grundfinanzierung geführt werden darf.

Der Vorstand der Deutschen Gesellschaft für Soziologie e.V. (DGS)

Essen, den 4. April 2023

Aus dem DGS-Vorstand

Liebe Mitglieder der Deutschen Gesellschaft für Soziologie,

sind Sie bei Mastodon? Das hatten wir beim letzten Mal auch schon gefragt, aber es bleibt weiter aktuell. Die Geschäftsstelle hält die Social Media Präsenz der DGS auf dem neuesten Stand und freut sich über Ihre Hinweise zur Veröffentlichung. Auch um die Kommunikationen zwischen den DGS-Sektionen besser zu gestalten, können alle unsere Kanäle für Aktivitäten und Infos genutzt werden. Dort erfahren Sie dann umgehend, wann die Folgen des Hackerangriffs auf die Universität Duisburg-Essen denn nun endlich bewältigt sein werden. Immerhin konnten die meisten Daten auf dem DGS-Server gesichert werden. Sie sollen bald wieder zur Verfügung stehen und die alten Emailaccounts können jetzt schon wieder genutzt werden.

Unsere letzte Vorstandssitzung am 30. und 31. März fand wie immer, wenn der alte Vorstand verabschiedet und der neue eingesetzt wird, an zwei Tagen am Kulturwissenschaftlichen Institut Essen (KWI) statt. Manuela Boatcă, Petra Böhnke und Hubert Knoblauch danken wir als neuer Vorstand für ihre Arbeit und ihr Engagement in den letzten Jahren. Mit dem neuen Vorstand wurden die Ressorts zum Teil neu besetzt, Einiges bleibt beim Bewährten:

- Dirk Baecker: Beauftragter für die Zeitschrift Soziologie
- Tobias Boll: Beauftragter für die Sektionen
- Heike Delitz: Schatzmeisterin und Beauftragte für Beschäftigungsverhältnisse
- Julia Hahmann: Beauftragte für Forschung
- Uta Karstein: Beauftragte für Beschäftigungsverhältnisse
- Diana Lengersdorf: Beauftragte für Forschung und Kongresskoordination
- Jörg Strübing: Stellvertretender Vorsitzender und Beauftragter für Lehre
- Paula-Irene Villa Braslavsky: Vorsitzende und Beauftragte für Öffentlichkeitsarbeit
- Daniel Witte: Beauftragter für internationale Beziehungen

Einer der ersten Beschlüsse des neuen Vorstands war die Einsetzung einer Kommission, die sich unter Leitung von Dirk Baecker mit dem Thema ›Plagiate‹ beschäftigen wird und für die wir dankenswerter Weise Dr. Kornelia Engert, Prof. Dr. Sina Farzin, stud. Franca Heuer, Dr. Björn Krey, Prof. Dr.

Sylke Nissen sowie Prof. Dr. Uwe Schimank gewinnen konnten. Der Auftrag des DGS-Konzils an den DGS-Vorstand für die Einsetzung einer solchen Kommission lautete, ein Papier zu erstellen, auf das die DGS sich zukünftig berufen kann, um Plagiate von Nicht-Plagiaten unterscheiden und ihre Haltung zu Plagiaten bekräftigen zu können.

Wir haben einen Textentwurf[1] zur Konsultation eines Forschungsdatengesetzes auf den Weg gebracht. Darin fordern wir den Schutz von Daten der empirischen Sozialforschung vor Beschlagnahmung und von nicht-tatverdächtigen Forschenden vor Durchsuchungen durch Ermittlungsbehörden. Zudem soll ein Zeugnisverweigerungsrecht (analog zu den Verschwiegenheitspflichten anderer Berufsgruppen) die zugesicherte Vertraulichkeit während der Forschungsarbeit stärken; auch dies sollte im neuen Forschungsdatengesetz verankert werden. Diese Standpunkte sind kongruent mit der ursprünglichen Absicht des geplanten Forschungsdatengesetzes. Im Koalitionsvertrag von 2021 heißt es dazu: »Den Zugang zu Forschungsdaten für öffentliche und private Forschung wollen wir mit einem Forschungsdatengesetz umfassend verbessern sowie vereinfachen […].« Allerdings entsteht mit der aktuellen Stellungnahme des Bildungsministeriums unseres Erachtens der Eindruck, dass dies nicht angemessen realisiert wird. Daher haben wir per Formular beim Ministerium unsere Anliegen eingereicht.

Die nächste turnusmäßige Mitgliederversammlung wird am 26. September 2024 digital stattfinden. Da der reguläre DGS-Kongress auf das Jahr 2025 verschoben ist, wird die Mitgliederversammlung 2024 ausnahmsweise außerhalb eines Kongresses durchgeführt. Die Jahresversammlung (Sektionssprecher:innen und Konzil) findet am 27. Oktober 2023 am KWI in Essen statt.

Ansonsten gilt wie immer: *We'll keep you informed!* Wenn Sie etwas wissen oder kommentieren möchten, melden Sie sich gern bei der Geschäftsstelle. Marcel Siepmann (zurzeit noch: marcel.siepmann@soziologie.de, oder wieder marcel.siepmann@kwi-nrw.de, beide Adressen bleiben vorerst gültig) ist Ihr / Euer Ansprechpartner, insbesondere hinsichtlich organisatorischer und verbandsinterner Abläufe. Alle Vorstandsmitglieder sind selbstverständlich auch ansprechbar, Sie finden uns über die Website.

Herzliche Grüße, auch im Namen der Vorstandskolleg:innen,
Paula-Irene Villa Braslavsky

1 https://www.bmbf.de/bmbf/shareddocs/downloads/files/Forschungsdatengesetz/Deutsche_GesellschaftfuerSoziologie.pdf?__blob=publicationFile&v=1

Veränderungen in der Mitgliedschaft

Neue Mitglieder

Elena Erstling, Tübingen
PhD David Furtschegger, Innsbruck
Dipl.-Soz. Anna-Lena Knoll, Mainz
Dr. Jonas Metzger, Gießen
Laura Pargen, Siegen
Prof. Dr. Nina Perkowski, Hamburg
Dr. Klaus Pforr, Mannheim
Dr. Michael Tiemann, Bonn
Lisa Wessel, Frankfurt
Sebastian Zühl, Hamburg

Neue studentische Mitglieder

Cosima Adams, Berlin
Steffen Gutmann, Dresden
Felix Schaaf, Lüneburg

Austritte

Minela Balic, M.A., Essen
Cassandra Chartouni, Münster
Dr. Angela Deitersen-Wieber, Bochum
Carsten Dürr, Ludwigsburg
Alexander Feuerherdt, Kiel
Gerrit Frerich, Köln
Dr. Nathalie Hirschmann, Münster
Prof. Dr. Andrea Knierim, Stuttgart
Dr. Eva König-Werner, Berlin

Alexander Maschke, M.A., Rostock
Dr. Yvonne Niekrenz, Rostock
Juliane Pehla, Berlin
Sarah Rempe, Düsseldorf
Verena Rossow, Essen
Apl. Prof. Dr. Heiko Schrader, Bielefeld
Prof. Dr. Gerhard Vowinckel, Hamburg
Dr. phil. Dennis Walkenhorst, Leipzig
Dipl.-Soz. Heike Zeller, München

Sektion Alter(n) und Gesellschaft

Frühjahrstagung »Altersarmut, Altersdiskriminierung, Alterssicherung« am 12. und 13. Mai 2023 an der Hochschule Neubrandenburg

Die Tagung wurde von Claudia Vogel, Professorin für Soziologie und Methoden der quantitativen Sozialforschung, und Kai Brauer, Professor für Gemeinwesenarbeit und Sozialraumorientierung, organisiert und vom Forschungsnetzwerk Alterssicherung gefördert. Vorher, am 11. und 12. Mai, fand außerdem das thematisch gekoppelte GWA-Arbeitstreffen »zu alt, zu fremd, zu …?«, das in Kooperation mit der BAG Soziale Stadtentwicklung und Gemeinwesenarbeit organisiert wurde. Insgesamt 120 Teilnehmerinnen und Teilnehmer besuchten die Veranstaltungen.

Bis zur Jahrtausendwende ging das Ausmaß der Altersarmut zurück. Jedoch hat sich dieser Trend inzwischen umgekehrt. Die Armutsgefährdungsquoten der Personen, die die Regelaltersgrenze für den Ruhestand erreicht haben, steigen. Heute ist Armut im Alter im Vergleich zur Gesamtbevölkerung überdurchschnittlich ausgeprägt. Mit Armutslagen gehen schlechtere Gesundheitsversorgung, prekäre Wohnverhältnisse und ein Mangel an Partizipation einher; es geht nicht nur um Einkommen und Vermögen, sondern zum Beispiel auch um Lebensqualität und Handlungsspielräume. Bei der Frühjahrstagung wurden Alterseinkommen in Ost- und Westdeutschland, Nichtinanspruchnahme von Grundsicherung sowie Marginalisierung älterer Menschen verhandelt. Es zeigt sich ein Gesamtbild, das keine Umkehr des Trends einer steigenden Altersarmut erwarten lässt, es sei denn, es gibt eine politische Neuausrichtung mit einer Stärkung der umlagefinanzierten gesetzlichen Rentenversicherung. Zentrale Stellschraube ist die solidarische Ausgestaltung der Erwerbsminderungs- und Hinterbliebenenversorgung.

Im Eröffnungsvortrag »Alter, Altersgrenzen, Altersdiskriminierung« hat *Harald Künemund* (Vechta) argumentiert, dass Altersgrenzen Diskriminierung entgegenwirken, da sie eine Gleichbehandlung verschiedener Geburtsjahrgänge sicherstellen: Zum Beispiel darf jede und jeder ab 18 Jahren wählen und – spätestens – ab dem Erreichen der Regelaltersgrenze (derzeit schrittweise Anhebung auf 67 Jahre) eine Rente beziehen. Eine Ungleichbehandlung entsteht erst bei Einführung oder Abschaffung von Altersgrenzen oder wenn für verschiedene Geburtsjahrgänge Veränderungen vorgenommen werden, also zum Beispiel die Regelaltersgrenze angehoben oder das Wahlalter abgesenkt wird. In der Lebenslaufperspektive stellen Altersgrenzen

Gleichbehandlung sicher und verhindern willkürliche Diskriminierung anhand des kalendarischen Alters etwa bei Kreditvergabe.

Den Auftakt zu sieben Schwerpunkten machten in den Sessions »Armut« und »Diskriminierung« *Tatjana Mika* und *Jürgen Faik* (Berlin) mit einer differenzierten Verteilungsanalyse der Alterseinkommen, in der sichtbar wurde, dass die derzeitige Hinterbliebenenversorgung nicht ausreicht, um Witwen vor Armut zu schützen. *David Stoll* und *Mathias Penger* (München) präsentierten eine Studie zur Nichtinanspruchnahme von Grundsicherung im Alter in München: Mindestens ein Viertel der potenziell Anspruchsberechtigten bezieht keine Leistungen. *Andreas Jansen* (Darmstadt und Duisburg-Essen) analysierte Verteilungswirkungen der Ostrentenangleichung etwa nach Branchen. *Wolfgang Stadel* (Esslingen) und *Yvonne Rubin* (Jena) präsentierten eine Analyse wirksamer Hilfen für und mit älteren Menschen in der Sozialen Arbeit. *Jesper Schulze* (Frankfurt am Main) sprach über alltägliche, aber unsichtbare Altersdiskriminierung. *Christine Krüger*, *Claudia Vogel*, *Franziska Rämänen* (Neubrandenburg) und *Alberto Lozano Alcántara* (Berlin) thematisierten Ausschlüsse im Ehrenamt.

In der Session »Einkommen« präsentierten *Leila Akremi* und *Katharina Werhan* (Berlin) Armutsrisiken durch Erwerbsminderung und deren Beeinflussbarkeit durch aktuelle gesetzliche Verbesserungen bei der Erwerbsminderungsrente. *Carlo Knöpfel* (Muttenz/Schweiz) zeigte anhand einer konzeptionellen Analyse der Einkommen älterer Menschen in der Schweiz, dass Armutsberechnungen anhand der verfügbaren Einkommen – zum Beispiel nach Abzug von Wohnkosten – statt anhand der Nettoeinkommen vorgenommen werden sollten, um ein realistisches Bild der Lebenssituationen älterer Menschen zeichnen zu können. *Max Keck* (Duisburg-Essen) konnte in seiner Analyse des Grundsicherungsbezugs beim Übergang in die Altersrente kleine Selbstständige als Risikogruppe ohne ausreichende Alterssicherung identifizieren.

In den Sessions »Pflege« und »Sozialraum« präsentierten *Philipp Bläser*, *Lena Marie Wirth* und *Manfred Hülsken-Giesler* (Osnabrück) ein pflegebezogenes Case Management bei komplexer Pflegebedürftigkeit. *Manuela Schulz*, *Andrea Teti* (Vechta) und *Christiane Gross* (Würzburg) stellten ihre Analyse der Ungleichheitswirkungen bei Umzugsentscheidungen vor. Von *Tom Liebelt*, *Stefanie Bath* und *Mohamed Zaidi* (Berlin) wurden Formen aufsuchender Seniorenarbeit in der Praxis der Gemeinwesenarbeit präsentiert. *Hendrik Beck* (Weimar) stellte die Evaluation des Begleitformats »Gesund alt werden im Quartier« vor. *Marlene Jänsch* (Fulda) diskutierte Ergebnisse zu Bedingungen institutionell organisierter Hilfe für hochaltrige Menschen aus der Perspektive von »Hilfepaar«-Gesprächen und zu Aushandlungen der Hilfebeziehungen.

In den Sessions »Altersvorsorge« und »Carearbeit« fragte *Ina Conen* (Köln) nach Optionen oder Hoffnung bezüglich transnationaler Altersvorsorgestrategien zur Kompensation von geringen Renteneinkünften. *Johannes Geyer* und *Ralf Himmelreicher* (beide Berlin) analysierten die Ungleichheitswirkung arbeitnehmerfinanzierter Entgeltumwandlung in der Privatwirtschaft. *Alberto Lozano Alcántara*, *Nadiya Kelle*, *Ulrike Ehrlich*, *Laura Romeu Gordo* und *Leonie Casal* (Berlin) präsentierten empirische Befunde zum Zusammenhang von Erwerbsverlaufsmuster und Übernahme von Pflege in der späten Erwerbsphase. *Claudia Vogel*, *Sebastian Bruer* (Neubrandenburg) und *Ralf Lottmann* (Magdeburg) diskutierten die mangelnde Inanspruchnahme und Reformoptionen der Familienpflegezeit, um sowohl Frauen als auch Männern eine bessere Vereinbarkeit von Beruf und Carearbeit zu ermöglichen. *Lisa Jessee* (Köln) und *Alina Schmitz* (Dortmund) zeigten, dass die höheren Armutsrisiken von Witwen in verschiedenen Wohlfahrtsregimen unterschiedlich deutlich ausfallen und somit zumindest zum Teil sozialpolitisch korrigierbar wären.

Im Abschlussreferat »Altersarmut, Ageism, Soziale Ungleichheit« hat *Kai Brauer* (Neubrandenburg) Ansätze des Engagements vorgestellt, um gegen Altersfeindlichkeit einzustehen. Darüber hinaus wurde im Rahmen der Frühjahrstagung das Positionspapier der Fachgruppe Soziale Arbeit in Kontexten des Alter(n)s der Deutschen Gesellschaft für Soziale Arbeit (DGSA) von *Christian Bleck* (Düsseldorf) und *Eva Maria Löffler* (Köln) präsentiert; *Anna Sarah Richter* vom Deutschen Verein für öffentliche und private Fürsorge hat kommentiert.

Claudia Vogel

Sektion Kultursoziologie

Tagung »Postkoloniale Perspektivierungen der Kultursoziologie« am 23. und 24. März 2023 an der Universität Osnabrück

Ziel der Tagung war es, einen Dialog zwischen postkolonialen Ansätzen und der Kultursoziologie in der DGS anzuregen – auch als ein Anstoß, in den Sektionen der DGS eine Diskussion voranzutreiben, die lange überfällig scheint: die Diskussion um die Herausforderungen und Konsequenzen der postkolonialen Perspektiven auf die Moderne und auf die Soziologie. Dem lag die Beobachtung zugrunde, dass die Rezeption der *postcolonial studies* auch in der deutschsprachigen Kultursoziologie noch immer in den Anfängen steckt. Die Kritik, die durch die Vertreter:innen postkolonialer Perspektiven oft an der (US-amerikanischen und positivistischen) Soziologie und ihrem eurozentristischen Erbe (zum Beispiel den Trennungen zwischen vormodernen und modernen Gesellschaften) geübt wird, mag dafür ein Grund sein. Aber auch umgekehrt bestehen Vorbehalte – seitens der soziologischen Theorie und Forschung etwa hinsichtlich der Verbindung von Theorie und Praxis, wie sie zuweilen innerhalb des postkolonialen Forschungsfeldes zu beobachten ist. Die von Heike Delitz, Lars Gertenbach und Marius Meinhof organisierte Tagung ging vor dem Hintergrund dieser bisherigen Rezeptionsbarrieren der Frage nach, inwiefern die Kultursoziologie (theoretisch und empirisch) von postkolonialen Perspektiven und Forschungsansätzen profitieren kann – und wie es sich umgekehrt verhält.

Wolfgang Eßbach (Freiburg) unterschied in seinem Eingangsvortrag drei Perspektiven auf den Tatbestand des Kolonialismus und postkoloniale Gesellschaften: eine soziologische, eine sozio-politische und eine moralische und illustrierte sie kenntnisreich. *Manuela Boatcă* (Freiburg) verwies auf den spezifischen Entstehungshintergrund der *postcolonial studies*, der dazu geführt hat, dass andere als westeuropäische Kolonialmächte und Imperien bislang wenig in den Blick geraten seien, etwa das Osmanische Reich oder das zaristische Russland. Darüber hinaus sind im Kontext postkolonialer Theoriebildung entwickelte Konzepte wie das der Kreolisierung oder Transkulturation noch wenig auf europäische Gesellschaften angewendet worden. Dass dies jedoch durchaus Erkenntnisgewinne verspricht, zeigte sie am Beispiel der multiethnischen Region Transsilvanien.

Sergio Costa (Berlin) machte auf Re-Ethnisierungstendenzen in Lateinamerika aufmerksam. Davon ausgehend widmete er sich in seinem Vortrag dem Verhältnis von (kulturellen) Differenzen und (sozialstrukturellen) Ungleichheiten. Er kritisierte, dass klassische Theorien wie diejenigen Axel Honneths oder Charles Tillys entweder kulturalistisch oder ökonomistisch argumentieren. Die Frage wäre doch aber, wann Differenzen politisch relevant werden, während andere unsichtbar bleiben, und wie diese Differenzen mit Ungleichheiten korrelieren? Costa plädierte vor diesem Hintergrund für eine vermittelnde Perspektive. *Jens Kastner* (Wien) nahm den anti-akademischen Impuls in den dekolonialen Debatten Lateinamerikas in den Blick. Deren Vertreter:innen gehen sowohl auf Distanz zu klassischen Theorien als auch zu Universitäten als Orten akademischer Wissensproduktion. Stattdessen verweisen sie auf die Wissensproduktion Betroffener – etwa indigener Gruppen – und favorisieren eine Forschung ›auf Augenhöhe‹. Problematisch sei dabei unter anderem, so Kastner, dass Universitäten als Orte »westlichen Denkens« vereinheitlicht würden – dabei seien sie jedoch vielmehr Arenen von Kämpfen. Die ahistorische Selbstpositionierung der postkolonialen Aktivisten als einzige Akteure, für die Fragen der Praxis wichtig seien, verkenne zudem, dass es eine lange Tradition der akademischen Beschäftigung mit Fragen der Praxis gibt (vgl. Marx, Gramsci, Bourdieu).

Philipp Degens und *Leo Roepert* (Hamburg) vertraten in ihrem Vortrag die These einer Ko-Konstitution von Rassismus und Eigentum, die sie am Beispiel der USA plausibilisierten. Ihr Fazit: Das Eigentumsrecht, das so oft als Freiheitsrecht begriffen wird, geht auch mit Herrschaft einher, weil alle diejenigen ausgeschlossen werden, denen das Recht auf Eigentum abgesprochen wird.

Philipp Altmann (Quito) zeichnete die Geschichte der Soziologie in Ecuador nach und gab einen Einblick in die Rezeptionslinien europäischer soziologischer Theorien vor Ort. *Inken Bartels*, *Philipp Schäfer*, *Laura Stielike* und *Maurice Stierl* (Osnabrück) plädierten für eine stärkere Verknüpfung der Migrationsforschung mit postkolonialen Ansätzen. Dies würde die Forschung für postkoloniale Machtkonfigurationen sensibilisieren, sie stärker von westlichen Epistemologien entkoppeln und als eine performative Praxis sichtbar machen, die selbst Teil von Prozessen der Migrantisierung ist.

Inwiefern auch eine Geschichte und Soziologie des Designs von postkolonialen Perspektiven profitieren würde, verdeutlichte *Sophia Prinz* (Zürich) in ihrem Vortrag. Gerade am Design ließen sich globale Verflechtungen, Transkulturation und Kolonialismus mitsamt ihren Verdrängungen nachweisen. Das gilt für die weitreichende Bedeutung von Rohstoffen wie Kautschuk, Baumwolle oder Farben ebenso wie für die Aneignung von Gestaltungsideen. Zugleich plädierte sie für einen praxistheoretischen Zugriff auf Prozesse des Gestaltens und Entwerfens, der mehr als nur das professionalisierte Tun westlicher Berufsdesigner:innen umfassen sollte.

Marius Meinhof (Bielefeld) setzte sich mit der chinesischen Adaption der durch Edward Said und andere vorgebrachten Orientalismuskritik auseinander. Während es unter chinesischen Intellektuellen zunächst zu einer Gleichsetzung von Orientalismus und Imperialismus kam, auf deren Grundlage dann ›der Westen‹ kritisiert wurde, würden gegenwärtig auch eigene Orientalisierungen und Hierarchisierungen kritisch in den Blick genommen. Diese würden etwa gegenüber solchen Bevölkerungsgruppen vorgenommen, die als ›rückständig‹ gelten.

Estela Schindel (Frankfurt/Oder) übte Kritik am Begriff des Anthropozäns, der aus ihrer Perspektive einen spezifisch europäischen Natur-Kultur Dualismus und einen »menschlichen Exzeptionalismus« stütze. Als Alternativen dazu brachte sie lateinamerikanischen Vorstellungen ins Spiel, die den Menschen als dynamisch in die Natur eingebunden denken und auch nichtmenschliche Entitäten (Pflanzen, Sterne, Tiere) als Subjekte begreifen. Die Trennlinien zwischen »Kultur« und »Natur« werden demnach sehr unterschiedlich gezogen. *Heike Delitz* (Regensburg) knüpfte in ihrem Vortrag daran an. Sie plädierte für die verstärkte Rezeption kultur- und sozialanthropologischer Theorien (Viveiros de Castro und andere) und schlug im Sinne einer symmetrischen Anthropologie eine Berücksichtigung von außereuropäischen, indigenen Begriffen und Konzepten vor. Ziel sei es dann, Natur-Kultur-Verständnisse als Bedeutungssysteme zu vergleichen und die eigenen Begriffe in den Vergleich mit anderen einzubeziehen, statt die eigene Ontologie (das heißt die Vorstellung von der einen Natur und vielen Kulturen) für universell zu halten.

Auch bei *Janna Vogl* (Weimar) stand die kritische Reflexion eigener Ontologien im Vordergrund. In ausgewählten Beispielen qualitativer Forschung in nicht-westlichen Kontexten (Kabeer, Mahmood) machte sie deutlich, wie Widersprüche in den Daten zugunsten bestehender Theoriekonzepte geglättet werden. *Alexander I. Stingl*s (Galway) Beitrag beschäftigte sich mit der Kritik des soziologischen Kanons. Ziel sei nicht, den Kanon zu vergessen, sondern einen überzeugenden Weg seiner Provinzialisierung zu finden.

Zuletzt machte *Lars Gertenbach* (Osnabrück) auf postkoloniale Anfangsgründe soziologischer Theoriebildung aufmerksam. Am Beispiel von Pierre Bourdieus Zeit in Algerien und Bruno Latours Aufenthalt in Abidjan zeigte Gertenbach, dass die Erfahrungen in kolonialen Kontexten zu entscheidenden Wendungen nicht nur in deren wissenschaftlichen Biografien, sondern auch in deren Theorie- und Begriffsentwicklung führte.

Beide Tage endeten mit Diskussionsrunden, in denen die jeweiligen Selbst- und Fremdverständnisse der Kultursoziologie und der deutschsprachigen postkolonialen Soziologie deutlich wurden. Sichtbar wurden die Defizite in der gegenseitigen Wahrnehmung: Nicht nur hat die deutschsprachige Kultursoziologie (wie insgesamt die deutschsprachige Soziologie) trotz vieler Vorarbeiten von Costa, Boatcă und anderen die postkolonialen Herausforderungen und Potentiale bisher kaum (sichtbar) aufgenommen; es zeigte sich auch eine umgekehrte Unkenntnis der Kultursoziologie seitens der Vertreter:innen einer postkolonialen Soziologie. Man kann es als das vielleicht größte Verdienst der Tagung ansehen, hier neue Brücken gebaut zu haben. Den Vortragenden und interessierten Gästen eröffneten sich über diese Offenlegung hinaus zahlreiche Anregungen, wie kultursoziologische und postkoloniale Perspektiven produktiv aufeinander zu beziehen wären. Deutlich formuliert wurde zudem, wie sehr die postkoloniale Theoriearbeit und Kritik gerade auf jenen Autor:innen basiert, die – wie zum Beispiel Bourdieu, Foucault oder auch Derrida – seit langem zum Kern der deutschsprachigen Kultursoziologie gehören.

Uta Karstein, Patricia Thomas

Institutionen/Gründung in Dresden

Eine Erinnerung zu Karl-Siegbert Rehbergs achtzigstem Geburtstag

»Wenn die Moderne v.a. durch jenen […] ›Polytheismus der Werte‹ gekennzeichnet ist«, von dem Max Weber sprach – so hat es Karl-Siegbert Rehberg einmal formuliert –, dann »bedarf es einer Wissenschaft, welche die Unterschiedlichkeit der ›Kulturbedeutungen‹ zum Fundament ihrer Fragestellungen macht.« Als diese Wissenschaft lasse sich die Soziologie dann konzipieren, wenn man ihren spezifischen »›Eigensinn‹ […] in ihrer perspektivischen Pluralität [sieht]. Deswegen hat sie eine Affinität zur Moderne: Soziologie wäre – so verstanden – eine Disziplin der Metabeobachtung, ein Reflexionsfach und schon deshalb auf eine Vielfältigkeit der Perspektiven und Methoden angewiesen.«

Diese Soziologie beschreibt sich also selbst als eine Form der Fremdbeschreibung. In der Tradition der Philosophischen Anthropologie geht sie einerseits für ihre Objektseite von der ›exzentrischen Positionalität‹ (Plessner) der Menschen in der Welt aus. Andererseits beansprucht sie allerdings solche Exzentrizität zugleich als ihr methodisches Prinzip. Abstandnahme ist ihr eine konstitutive Bedingung der Möglichkeit, »perspektivische Pluralität« entfalten zu können. Um es auf eine hier unvermeidbare Weise paradox zu sagen, hält sich diese Soziologie an Peripherien als den intellektuell privilegierten Orten einer Welt auf, die zumal in dem Sinne modern ist, dass sie keine Zentralperspektive mehr kennt. Wie Wahrheit, Macht, Legitimität, Ordnung, Normativität und vieles andere begegnet Zentralität in dieser Welt allein als ein Anspruch, der in komplexen Anspruchskonkurrenzen geltend gemacht werden muss und bestritten werden kann.

Periphere Positionierung und Pluralismus der Perspektiven also, sie hängen systematisch zusammen. Für den Soziologen Karl-Siegbert Rehberg und für sein Denken sind sie konstitutive Figuren. Und in der Tat: Exzentrisch positioniert waren wir nicht nur in einem anthropologisch grundsätzlichen theoretischen Sinne. Wir waren es in Dresden und vor nunmehr dreißig Jahren auch auf eine lebensweltlich unvorhergesehen konkrete Weise, und zwar in räumlicher ebenso wie in allgemein sozialer und auch in näherhin akademischer Hinsicht.

Vor allen ›Verkehrsprojekten Deutsche Einheit‹ musste man von München aus um die halbe Tschechische Republik herumfahren und von Aachen auf überwiegend schlechten Straßen oder Schienen einmal quer durch die ganze Bundesrepublik reisen, um dann hier in Gebäuden zu lehren und zu forschen, die ihren Vorbesitzer, die Nationale Volksarmee noch keineswegs verleugnen konnten. Sozial exzentrisch waren wir als, wie man damals sagen konnte: ›Wessis‹ in der frühen Post-DDR. Wir nahmen uns als höchst privilegierte Beobachter wahr inmitten eines enorm tiefgreifenden, dynamischen, verunsichernden gesellschaftlichen Transformationsprozesses. Und als neuberufene Sozial- und Kulturwissenschaftler an einer durchaus selbstbewusst technisch-naturwissenschaftlich geprägten Universität waren wir zudem selbst innerhalb der ihrerseits ja exzentrischen akademischen Welt noch einmal in einer gewissen Außenseiterrolle. Zuweilen fühlten wir uns skeptisch beäugt von Kollegen, von denen manche gerade deswegen Ingenieur geworden waren, weil dies früher einmal eine gewisse Neutralität versprochen hatte gegenüber den Zumutungen einer ›wissenschaftlichen Weltanschauung‹, die zumal auch von den Sozial- und Wirtschaftswissenschaften vertreten worden war.

Schwerlich hätte irgendetwas interessanter sein können und mehr Beobachtungs- und Reflexionsstoff bieten können für den Gesellschaftstheoretiker und Kultursoziologen Rehberg. Kaum ein anderer in der alten Bundesrepublik sozialisierter Wissenschaftler, so darf man wohl sagen, hat so früh und so grundsätzlich seine neue, seine zunächst – und in mancher Hinsicht ja unverändert – unvertraute Umwelt in der Transformationsgesellschaft Ostdeutschlands so eindringlich wie er zum Gegenstand soziologischer Analyse gemacht: die Nischengesellschaft der DDR mit ihren Überständen einer Art von Bildungsbürgertum am Dresdner Elbhang oder in Radebeul, die in den plötzlich ›alten‹ Ländern längst atrophiert war; die sozialistische ›Staatskunst‹ und die Rezeptionskämpfe um sie bis heute; die Gesellschaft Dresdens, die über alle politischen Systembrüche hinweg in eigener Weise eindringliche Stadtmythen ebenso produziert wie auch das xenophobe, aggressiv gekränkte Rebellentum von PEGIDA. Und selbstverständlich wandte sich der soziologische Scharfblick auch den institutionellen Transformationsprozessen der Universität und ihres symbolischen Apparats zu – vom Universitätsnamen bis zum Talar des Rektors, der wie Hermelin aussehen sollte, tatsächlich aber aus Kaninchenfell war.

Der exzentrische Ort, den der Soziologe vor gut dreißig Jahren lebenspraktisch eingenommen hatte, stimmt zu seinem Verständnis von Soziologie als einer »Disziplin der Metabeobachtung«. Das begriffliche Instrumentarium dafür wurde seit der Dissertation »zu einer perspektivischen Soziologie der Institutionen« (RWTH Aachen, 1973) immer weiter ausgebaut. Rehberg hat dazu die Denkbestände der Philosophischen Anthropologie historisch rekonstruiert und die Theorien ihrer politischen Antipoden Helmuth Plessner und Arnold Gehlen miteinander verknüpft. So konnte er sie für eine Gesellschaftstheorie der Moderne systematisch fruchtbar machen und sie zugleich auf eine historische Soziologie im Sinne von Max Weber oder Norbert Elias hin öffnen.

Man mag das Kultursoziologie nennen. Doch handelt es sich entschieden um das Gegenteil einer bloßen Bindestrich-Soziologie. Weil Menschen im Sinne Plessners und Gehlens ›von Natur aus‹ Kulturwesen sind, eben deswegen können die Gesellschaftswissenschaften das Symbolische, Performative und Ästhetische, können sie Kulturelles, Künstliches und Künstlerisches nicht auffassen als etwas, das zu den Strukturen und Prozessen des Sozialen, sozusagen sekundär, hinzuträte. Sie haben all dies vielmehr selbst als Konstitutionsform des Sozialen zu begreifen.

Der Rehbergsche Problemtitel dafür lautet Institutionalität. Einerseits markiert er einen gewissen Anschluss an Gehlens Institutionentheorie. Andererseits bezeichnet er zugleich eine unterscheidende Weiterentwicklung, und zwar insbesondere in dreierlei Hinsicht. Anders als in den meisten Institutionentheorien seit Emil Durkheim wird – erstens – ›Institutionalität‹ nicht als eine den Instinktverlust des Menschen kompensierende und insofern gewissermaßen ontologische Kategorie gefasst, sondern als analytische. Zweitens ist diese analytische Kategorie prozessual und so konzipiert, dass eine Teleologie wie zum Beispiel diejenige endloser Differenzierung bei Niklas Luhmann gerade vermieden sein sollte: Das Institutionelle sind immer dynamische Geschehnisverflechtungen der Institutionalisierung und De-Institutionalisierung, die ihre Kontingenz, Unwahrscheinlichkeit und Prozessualität verbergen, um gerade so Stabilität, Dauer, fortwährende Geltung einer sozialen Konfiguration zu suggerieren. Und drittens wird Institutionalität spezifisch bezogen auf die symbolische Präsentation der Prinzipien und Geltungsansprüche von Ordnungsarrangements.

In aller Kürze und in allem Ungefähr stellte sich so etwa die lebensweltliche und theoriegeschichtliche Lage im Frühjahr 1994 dar. Auf dem Altmarkt wurden die versengten Sandsteintrümmer der Frauenkirche in lange Stahlregale sortiert, auf der Dresdner Heide der Grundstein für das erste neue Halbleiterwerk gelegt, als der Münsteraner Mittelalterhistoriker Gert Melville einen Ruf nach Dresden annahm und seine eigenen Interessen an »Institutionen als geschichtswissenschaftliches Thema« mitbrachte. Zwei

Impulse kamen so zusammen, ein soziologischer und ein geschichtswissenschaftlicher. Wie das geschah, das illustriert eine kleine Anekdote von der Erstbegegnungen der neuen Dresdner Kollegen; wie alle institutionellen Arrangements haben eben auch Forschungsverbünde eine Eigengeschichte, in der sie symbolisch Dauer und Geltung beanspruchen.

»Sie interessieren sich ja auch für Institutionen.« So kam der Soziologe auf das gemeinsame institutionentheoretische und -geschichtliche Thema. »Da könnten wir ja mal gemeinsam ein Seminar drüber machen.« Und so tastend das geschah, so dezidiert erging Melvilles Antwort: »Wir machen kein Seminar, wie machen einen Sonderforschungsbereich.« Als er mir von diesem Dialog erzählte, da stand Bert Rehberg der Schrecken noch ins Gesicht geschrieben. Und natürlich hat er ihn habituell durch ironische Reflexivisierung abgefedert. Der Mann sei nett, aber doch ein wenig größenwahnsinnig. Gleichwohl war dies in gewisser Weise ein Ursprungsmoment; und zwar in jenem systematisch genauen Sinne, dass jeder Ursprung seine Vorgeschichten kappen muss, um einen Neubeginn entstehen lassen zu können.

Selbstverständlich gibt es einen förderpragmatischen Hintergrund, doch tut der hier nichts zur Sache. Die Anekdote erzählt ja von der sozusagen ›mythischen‹ Gründung des Sonderforschungsbereichs 537 »Institutionalität und Geschichtlichkeit« der Deutschen Forschungsgemeinschaft. Die geschah zu einer Zeit, da ich selbst nach drei Antragspleiten in Bonn davon ausging, mit der DFG künftig nichts mehr zu tun zu haben. Und sie markiert den Beginn einer Phase, die jedenfalls für die meisten der Beteiligten mit einem der intellektuell produktivsten Forschungszusammenhänge verbunden bleibt, die wir uns vorstellen konnten, ja eigentlich bis heute vorstellen können. Historiographisch wie kulturtheoretisch fruchtbar war die Auffächerung der Perspektiven auf ganz unterschiedliche historische und sachliche Kontexte, vor allem aber die Umstellung der analytischen Aufmerksamkeit. Anstelle von »von fixen Ordnungen«, um es mit Rehbergs Worten zu sagen, studierten wir »Ordnungsbehauptungen«. Nicht die »unbefragten Geltungen« waren interessant, sondern die »Geltungsansprüche« und jene Mechanismen, welche diese Ansprüche der Bestreitbarkeit in Geltungskämpfen zu entziehen suchen. Von Leitideen verschob sich der analytische Blick auf Leit-Widersprüche und ihre Spannungssynthesen, »von institutionellen Normerfüllungen« auf »Handlungs- und Rollenstilisierungen.« Und intellektuell besonders produktiv war ein Problemrahmen, der angelegt war auf engste Kooperation von systematischen und historischen Sozial- sowie von Kultur- und Kunstwissenschaften. Man könnte von – s.v.v. emphatischer –

Interdisziplinarität sprechen: Nicht tayloristische Arbeitsteilung stand im Vordergrund, sondern die gegenseitige intellektuelle Irritation.

Es versteht sich wie von selbst: Wenn man nicht nach dem quasimythischen Ursprung fragt, sondern nach den strukturellen Bedingungen der Möglichkeit des Dresdner Institutionalitäts-SFB, dann sieht man etwas gänzlich anderes als das, wovon die Anekdote erzählt. Man sieht dann Fächer und Fakultäten, die in einer Phase des Neuaufbaus relativ wenig Rücksicht auf lokale Anciennitäten verlangten. Auf der anderen Seite gab es die Rechtfertigungszwänge einer technischen Universität, der wir zeigen wollten, dass wir ernst zu nehmen seien und bei ihrer strukturellen Entwicklung ein Wort mitreden wollten. Natürlich gab es ein paar glückliche persönliche Konstellationen, und auch die unglücklichen fehlten nicht, doch beförderten sie zugleich immerhin die soziale Integration der Forschungsgruppe durch Exklusion. Zu den strukturellen Rahmenbedingungen des Dresdner Verbundprojektes gehörte überdies eine förderpolitische Phase, in welcher eine ganze ›Generation‹ von Sonderforschungsbereichen Grundbegriffe der Kulturwissenschaften wie Schriftlichkeit, Erinnerung, Ritual, Performativität oder Alterität durchdeklinierte. Und es gehörte dazu das sächsische Wissenschaftsministerium, das seine fördernde Aufmerksamkeit auf Leipzig als den gegebenen Ort kultur- und sozialwissenschaftlicher Forschung in Sachsen richtete und das wir auf das Freudigste überraschen konnten, indem wir den ersten geisteswissenschaftlichen SFB in den neuen Bundesländern ausgerechnet an die Dresdner TU holten.

Bevor ich allzu erinnerungsselig werde, breche ich ab. Es ist ja klar, dass auch der Institutionalitäts-SFB ein Arrangement war, das auf seiner epistemischen wie auf seiner sozialen Seite einer institutionellen Analyse zugänglich ist. Aber sagen will ich doch, dass es ein paar intellektuell besonders aufregende Jahre waren. Und dass sie einige erinnerungswürdige Momente hervorbrachten; etwa als beim sogenannten DFG-Beratungsgespräch 1996 in Bonn der von Bernhard Waldenfels gehegte Teleologie-Verdacht gegen unser Forschungsprogramm nicht ausgeräumt werden konnte oder als Jürgen Habermas im Dezember 1998 im größten Dresdner Hörsaal unsere theoretische Herausforderung seiner Diskurstheorie annahm.

Und ich möchte den persönlichen Dank dafür hinzufügen, dass man nicht leicht woanders in so kurzer Zeit so viel lernen konnte – sogar und erst recht fürs Leben als Wissenschaftsfunktionär! –, wie von Karl-Siegbert Rehberg und in den Diskussionen über Institutionalität und Geschichtlichkeit.

Peter Strohschneider

In memoriam Jürgen M. Pelikan (21. Januar 1940 – 11. Februar 2023)

Jürgen Pelikan ist, bis zuletzt aktiv in der Sektion Medizin- und Gesundheitssoziologie der DGS, am 11. Februar als emeritierter Professor für Soziologie der Universität Wien im 84. Lebensjahr gestorben. Geschichte hat er als Vermittler geschrieben. Das wird an seiner universitären Karriere nur unzureichend deutlich: Nach seiner soziologischen Habilitation mit 41 Jahren an der Sozial- und Wirtschaftswissenschaftlichen Fakultät der Universität Wien, an der er von 1972 bis 1982 als Universitätslektor gearbeitet hatte, ging er 1981 als hauptberuflich Vortragender an die Verwaltungsakademie des Bundes in Wien. Von 1985 bis 1991 und 1995 bis 2004 war er Vorstand des Instituts für Soziologie in Wien. Pelikans Lebenslauf belegt sein inhaltliches Interesse an Gruppendynamik, an Medizin- und Gesundheitssoziologie und vor allem an eher nebenuniversitären Fort- und Weiterbildungen: Mit knapp 40 Jahren engagierte sich der psychotherapeutisch ausgebildete Pelikan, entscheidend unterstützt und auch behütet von dem älteren Sozialpsychiater Hans Strotzka, im Zuge der Psychiatriereform in der Gründung des Wiener Ludwig-Boltzmann-Instituts für Medizin- und Gesundheitssoziologie, das er nebenberuflich bis 1989 gemeinsam mit Strotzka, anschließend – als Strotzka die Leitung abgab – bis 2007 allein führte. Mit 68 Jahren wurde er Key Researcher des Programms Gesundheitsförderndes Krankenhaus an diesem Institut. Vor allem leitete Jürgen Pelikan durchaus untypisch in seiner gesamten Laufbahn, insbesondere zusammen mit dem Wiener Krankenanstaltenverbund, Management-Weiterbildungen außerhalb konsekutiver Hochschul-Studiengänge, sogenannte »Universitätslehrgänge« für lehrendes und leitendes Personal (Organisationsentwicklung). Ebenfalls nebenamtlich fungierte Pelikan seit 1992 als Direktor des WHO-Kooperationszentrums für Gesundheitsförderung im Krankenhaus und Gesundheitswesen. Schon diese Lehrgänge und Einrichtungen bezeugen ihre Herkunft aus den Aufbruchsbewegungen der siebziger und achtziger Jahre des vorigen Jahrhunderts, als Studierende der Medizin, Pflegeschüler:innen, Selbsthilfegruppen, chronisch Kranke, Gewerkschafter:innen des Gesundheitswesens, private Heiler:innen überall als Teil der Ökologiebewegung programmatisch antikapitalistische Gesundheitsläden,[1] feministische Frauengesundheitszentren, gegen die so genannte »Schulmedizin« gerichtete Selbsthilfegruppen, Gesundheitstage und Gesundheitsbewegungen entstehen lie-

1 Zum Beispiel die Untergruppe »AG Blasenkrebs bei/durch Höchst«.

ßen. Eine der damals von den studentischen Fachschaften der Medizin gegründete Zeitschrift »Dr. med. Mabuse« blüht noch heute.[2] Pelikan gehörte dieser studentischen Gründergeneration nicht mehr an, er war zehn Jahre, also mindestens eine Bewegungs-Generation älter. Aber er war in seinem langen Studium weit herumgekommen: Berlin, London, Hamburg, Wien, bis er mit 30 Jahren promovierte und als Postdoctoral Fellow der Ford Foundation an der Columbia University in New York weiterstudierte. Vor allem befähigten ihn sein Alter und seine gesammelten institutionellen Erfahrungen, Impulse dieser Gesundheitsbewegungen, die er vorfand, mit alteingeführten Institutionen zu verbinden, deren hierarchische Spielregeln er willig beherrschte und deren Verwaltungseinrichtungen er ohne Überheblichkeit und ohne Berührungsängste zu dienen gelernt hatte. So konnte er Motive der Aufbruchsbewegungen der jüngeren Generationen mit den Rationalisierungs- und Modernisierungsversuchen wohletablierter, aber oft unsicher finanzierter hierarchischer Institutionen verbinden. Während die Bewegungen noch über den Sinn eines Marsches durch die Institutionen diskutierten, war Pelikan schon dort und verknüpfte die Motive der Bewegungen mit der Sprechweise wechselnder Management-Moden. Damit stabilisierte Pelikan Parolen der Aufbruchsbewegungen über Jahrzehnte und über alle Ermüdungen der studierenden Aufbruchsgeneration hinweg.

System der Krankenbehandlung und System der (selbst)pflegerischen Gesundheitsförderung

Bei all diesen zeitaufwändigen jeweils aktuellen Geschäftsnotwendigkeiten war es bemerkenswert und für Viele überraschend, dass Jürgen Pelikan in den Jahren vor seiner Pensionierung ausgerechnet den inzwischen hochspezialisierten multidisziplinären Szenen im Gesundheitswesen mit *The Role of Theory in Health Promotion* (2007, Springer) die Beschäftigung mit den »Großtheorien« des Mutterfachs Soziologie dringlich nahelegte. Denn die Beschäftigung zum Beispiel mit C.S. Peirce, Mead, Max Weber, Parsons, Plessner, Gehlen, Luhmann, Habermas war selbst in den österreichischen und deutschen Gesellschaften für Medizinsoziologie (ÖGMS und DGMS) nicht gerade zentral in Projekten und Publikationen, obwohl alle diese Klassiker ihre

2 Viele Kinder dieser 50 Jahre alten Aufbruchsbewegungen arbeiten heute im Netzwerk KLUG – Deutsche Allianz Klimawandel und Gesundheit e.V.

soziologischen Grundlagen-Theorien auch am Gesundheitswesen entwickelt hatten. Eher war die Meinung verbreitet, Medizinsoziologie habe sich als ein eigenes selbständiges Fach neben der Allgemeinen Soziologie entfaltet – mit ganz eigenen Theorien und Ansätzen. Dieses inzwischen selbständige Fach gäbe es erst seit etwa 50 Jahren, eben so lange wie die erwähnten Fachgesellschaften. Fast nur die Sektion Medizin- und Gesundheitssoziologie vertrat in Deutschland die Position, Medizin- und Gesundheitssoziologie sei kein eigenes Fach, sondern ein wichtiges Untersuchungsfeld für Soziolog:innen. In diesem Feld wurden seit deutlich mehr als 100 Jahren Theorien der sogenannten Allgemeinen Soziologie keineswegs nur »angewendet«, sondern in ihren Grundlagen entwickelt und entfaltet. Erst durch die Kompetenz in sogenannter Allgemeiner Soziologie wird Medizin- und Gesundheitssoziologie, so Pelikan, für andere Disziplinen im Gesundheitswesen relevant und sogar fruchtbar. Er habe für sich die Großtheorie Luhmanns gewählt.

Lange vor Pelikan war einigen Interessierten an Luhmanns ›Gesundheitssystem‹ aufgefallen, wie eigentümlich Luhmann dessen zentralen binären Code gefasst hatte. Während für die anderen Funktionssysteme immer derselbe Unterscheidungsbegriff positiv und negativ ausgedrückt den binären Code bilden – für das Rechtssystem ›Recht vs. Unrecht‹, für das Wissenschaftssystem ›wahr vs. unwahr‹, für das Wirtschaftssystem ›Eigentum/Nichteigentum‹ beziehungsweise ›zahlen/nichtzahlen‹ –, wählte Luhmann für das Gesundheitssystem nicht ›krank vs. nicht krank‹, sondern ›krank vs. gesund‹. Dabei war und ist im Sprachgebrauch »gesund« mehr als die Abwesenheit von Krankheit, mehr als »ohne Befund«. Man kann »behindert« und »chronisch krank« und zugleich ziemlich gesund Krisen bewältigen. Auch der Deutsche Bundestag definierte in Übereinstimmung mit der UNO und WHO im § 1 Sozialgesetzbuch IX einen positiven Begriff des gesundheitlichen Ziels: als *selbstbestimmte Teilhabe am Leben der Gesellschaft*. Diese selbstbestimmte Teilhabe ist chronisch erkrankten und Menschen mit Behinderungen möglich, auch wenn sie von ihrer chronischen Krankheit oder Behinderung nicht mehr »genesen« können. Die Gesundheitsförderung unheilbar chronisch erkrankter oder von Behinderungen eingeschränkter Personen ist in modernen Gesellschaften kein seltener Grenzfall, sondern eine massenhaft verbreitete Standard-Aufgabe.

Schon unmittelbar nach Luhmanns Theoretisierung des Gesundheitssystems als Krankenversorgungssystem wurde belegt, dass ein System der Gesundheitsförderung schon seit mindestens 2500 Jahren literarisch, umgangssprachlich und beruflich prominent ausdifferenziert und dokumentiert ist.

Es ist das System pflegerischer gesundheitsförderlicher Unterstützung. Es lässt sich spätestens seit den diätetischen Pflegeschriften von Kos, zum Beispiel »De Victu«, nachweisen. Man pflegt sich täglich oder lässt sich pflegen auch dann, wenn man nicht krank ist. Das Ziel der Pflege beschränkt sich keineswegs auf Heilung oder Vorbeugung von Krankheiten. Sondern ihr tägliches Ziel pflegerischer Gesundheitsförderung ist ebenso Schönheit, Funktionsfähigkeit, also ›gepflegt und nicht ungepflegt‹ zu sein – und eben dadurch an genau den Bereichen des gesellschaftlichen Lebens teilhaben zu können, an denen man selbstbestimmt und nicht fremdbestimmt teilhaben will.

Dieses soziale System gesundheitsförderlicher Pflege verfügt genau über die vier Momente, deren Zusammenhang für soziale Systeme Luhmann 1975 und 1981 hervorhebt: 1. Es ist ausdifferenziert. 2. Es zeigt Ausdifferenzierung besonderer Codes für symbolisch generalisierte Kommunikationsmedien. 3. Es hat Formen der Kombination von Geschlossenheit (Autopoiesis) und Offenheit auf der Ebene gesellschaftlicher Teilsysteme und ihrer Operationen. 4. Es erfreut sich relativer gesellschaftlicher Prominenz des so gebildeten Teilsystems.

Auf die Schriften zum System gesundheitsförderlicher Pflege, insbesondere De Victu, hatte sich Foucault bis an sein Lebensende bezogen. Bereits für Platon war das System gesundheitsförderlicher Pflege prominent und ausdifferenziert genug, um heftig gegen es zu polemisieren, und Goethe hat sich mit spitzen Bemerkungen gegen es gewehrt.[3] Auch der etablierten Medizingeschichte war der Unterschied zwischen Medizin als Krankenbehandlung und Pflege als Diätetik der Lebensweise wohlbekannt. Etwas spitz, aber vermutlich zutreffend vermerkte die Medizinhistorikerin Weisser 1991: »Da zur Bekämpfung von Krankheiten und Schmerzzuständen nur wenige wirkungsvolle Mittel bekannt« gewesen seien, hätten sich die ›hippokratischen‹ Wanderheiler von Kos auf die selbst- und berufspflegerische »Diätetik« konzentriert. Insofern schrieb Pelikan 2009 in der Österreichischen Zeitschrift für Soziologie plausibel über die »Ausdifferenzierung von spezifischen Funktionssystemen für Krankenbehandlung und Gesundheitsförderung«, auch wenn er nicht sah, dass das System der diätetisch pflegerischen Gesundheitsförderung bereits seit 2500 Jahren belegt und erörtert wurde.

Pelikans zwischenzeitlich vorgeschlagener binärer Code für ein System der Gesundheitsförderung ›suboptimal gesund/optimal gesund‹ kennt allerdings kein Minimum, an dem man sich über einen Eingriff verständigen

3 Belege zusammenfassend in Behrens 1982 *Ausdifferenzierung* und 2019 in *Theorie der Pflege und der Therapie*, Hogrefe.

muss, und keinen Endpunkt, an dem man systemimmanent einen »erfüllt«-Haken machen kann. Wie konnte Luhmann – und eigentlich noch Pelikan – dieses seit 2500 Jahren belegte gesellschaftlich prominente Kommunikationssystem *neben* dem System der Krankenversorgung[4] übersehen? Luhmann hat es wohl weniger übersehen, als es geringschätzen wollen. »Krankheitsvermeidungsratschläge wie: viel Spazieren gehen, mäßig essen, sich nicht aufregen etc.« nannte Luhmann 1993 in *Der medizinische Code* »lebensunpraktisch« und meinte: »Bei einer rationalen Einstellung zu Risiken ist es oft richtiger, den Schadenseintritt abzuwarten, als viel in (wahrscheinlich unnötige) Vorbeugung zu investieren […] (Das muss nicht unbedingt gegen Zähneputzen sprechen.)« So geriet Luhmann das mächtige System anscheinend gesundheitsförderlicher diätetischer Pflege mit all seinen Risiken und Nebenwirkungen aus dem Blick.

Für Pelikan hingegen waren die Funktionssysteme der Krankenversorgung und der Gesundheitsförderung so weit ausdifferenziert, dass es für ihn nun sinnvoll wurde, sogar den Krankenhäusern die Gesundheitsförderung als Aufgabe von außen anzudienen, im internationalen Netzwerk »Gesundheitsfördernder Krankenhäuser«. Dieser durchaus kämpferische Begriff »Gesundheitsförderndes Krankenhaus« war ebenso wenig doppelt gemoppelt, ein *Hendiadyoin*, wie die Begriffe der »Gesunden Städte« oder sogar des »Gesunden Österreich«.

Jürgen Pelikan wird mit mindestens drei Verdiensten als Geschichte machende Persönlichkeit im Gedächtnis bleiben: erstens als Vermittlungsagent zwischen alten hierarchischen Einrichtungen und neuen Bewegungen in einem bestimmten historischen Moment, zweitens als Beobachter der Ausdifferenzierung der beiden Funktionssysteme Krankenbehandlung und Gesundheitsförderung und drittens als – auch durch seine Biographie höchst authentischer – Mahner, Medizin- und Gesundheitssoziologie nicht als eigenes Fach zu verstehen, sondern als Forschungs- und Fortbildungsfeld für die Grundlagen der allgemeinen Soziologie. Interdisziplinarität setzt starke Disziplinen voraus.

Johann Behrens

4 »Medizin ist ein System des Umgangs mit Krankheit und nicht ein System der Herstellung von Gesundheit«, schrieb Luhmann 1993.

In memoriam Peter Gross (3. Oktober 1941 – 25. Januar 2023)

Anfang dieses Jahres verstarb Peter Gross im 82. Lebensjahr an seinem Wohnort St. Gallen. Gross ist vor allem berühmt geworden mit seinem Werk »Die Multioptionsgesellschaft«, das im Suhrkamp-Verlag seit der Erstveröffentlichung 1994 inzwischen in seiner 11. Auflage erschienen ist.

Gross wuchs in der Ostschweiz auf, absolvierte das Lehrerseminar und arbeitete zwei Jahre als Grundschullehrer. Danach studierte er Soziologie und Wirtschaftswissenschaften an den Universitäten Zürich und vor allem Bern, wo er 1966 sein Lizentiat und 1969 sein Doktordiplom erhielt. In den folgenden Jahren hatte er eine Assistenz bei Kurt Lüscher an der Universität Konstanz und nahm Lehraufträge in Freiburg im Breisgau wahr. Von 1972 bis 1979 politisierte er nebenher als Kantonsrat der SP im Thurgauer Parlament. 1979 habilitierte er sich mit der Schrift »Die Verheißungen der Dienstleistungsgesellschaft – Soziale Befreiung oder Sozialherrschaft?« an der Universität Konstanz (Gutachter: Horst Baier, Franz-Xaver Kaufmann und Thomas Luckmann). Die überarbeitete Habilitationsschrift erschien 1983 im Westdeutschen Verlag. Darin fasste er den damaligen Stand der Theorien der Dienstleistungsgesellschaft konzis zusammen, mit einem speziellen Fokus auf personenbezogene Dienstleistungen, und diskutierte das sozialpolitische Korrelat dieser Theorien: die dienstleistungsintensive Sozialpolitik.

Gleich nach der Habilitation wurde Gross 1980 auf eine Professur für Soziologie und Sozialstruktur im internationalen Vergleich an die Otto-Friedrich-Universität Bamberg berufen. 1989 folgte er einem Ruf auf den Lehrstuhl für Soziologie an der Universität St. Gallen, wo er bis zu seiner Emeritierung im Jahr 2006 blieb. Die renommierte Wirtschaftsuniversität bot ihm ein verlockendes, erweitertes Betätigungsfeld. Zwar verantwortete Gross eine lange Reihe drittmittelgeförderter Projekte – über Schattenarbeit, Selbstständige im Strukturwandel, Reproduktionsmedizin, Alterspolitik schweizerischer Unternehmungen und schließlich die Informatisierung des Managements –, sein Herzblut galt allerdings seinen Buchprojekten und seiner publizistischen Tätigkeit. Er war mit der dezidierten Ambition nach St. Gallen gekommen, sich mit einem Buch zu profilieren, das wie bei seinen damaligen Bamberger Kollegen Ulrich Beck (»Die Risikogesellschaft«) und Gerhard Schulze (»Die Erlebnisgesellschaft«) nicht nur im soziologischen Fach diskutiert, sondern in einer breiteren Öffentlichkeit Resonanz finden würde. Mit der »Multioptionsgesellschaft« ist ihm dies gelungen und die Prägung eines Begriffs geglückt, der längst in den Allgemeinwortschatz eingegangen ist.

Der zentrale Gedanke hinter diesem »wortungetümen Titel« (Vorwort) ist, dass der Modernisierungsprozess durch drei Kernprozesse vorangetrieben wird: Erstens die laufende Steigerung von Optionen, die sich augenfällig in der unüberblickbaren Vielfalt des Waren- und Dienstleistungsangebots manifestiert. Zweitens der Prozess der »Entobligationierung«, der die herkömmlichen Traditionen zu Optionen umschmilzt und auch auf der Ebene der Lebensstilgestaltung eine Vielfalt neuer Handlungsoptionen ermöglicht. Was früher eine unhinterfragte Selbstverständlichkeit war – der sonntägliche Kirchgang, die Heirat, die Gründung einer Familie – ist nicht mehr verpflichtend, besteht als Option hingegen weiter. Insofern weist dieser ungewöhnliche Begriff der Entobligationierung eine größere Begriffsschärfe auf als der verbreitete Begriff der Detraditionalisierung, der eine Auflösung und ein Verschwinden der Traditionen suggeriert. Der dritte Kernprozess ist schließlich die Individualisierung: Angesichts schwindender normativer Leitplanken wird die Gesellschaft immer pluralistischer und die Vielfalt an Lebensweisen nimmt laufend zu – jeder Mensch muss nun selbst entscheiden, wie er handeln will.

Gross war ein aufmerksamer Beobachter des Alltagslebens. Er interessierte sich brennend dafür, wie die Akteure mit der Optionsvielfalt zurande kommen, welche Strategien der Komplexitätsreduktion sie anwenden, welche neuen Routinen sie ausbilden. Eifrig sammelte er Beispiele, selbstbeobachtete wie auch Geschichten Anderer oder solche aus Literatur und Massenmedien. Wie man sich angesichts der Warenvielfalt entscheidet, interessierte ihn allerdings am wenigsten. Soziologisch wesentlich interessanter sind neue Lebensweisen und Beziehungsformen – zum Beispiel Single-Haushalte oder multiple Elternschaften in Patchwork-Familien – und insbesondere die Vielfalt an Sinnangeboten, die neben die traditionellen religiösen Werte getreten ist. In der heutigen Moderne scheinen alle gesellschaftlichen Bereiche von einem Steigerungsimperativ erfasst zu werden: *bigger, better, faster, more*. Überall lastet auf dem Einzelnen die Aufgabe, sich zwischen multiplen Optionen zu entscheiden.

Viele Menschen fühlten sich durch das Konzept der Multioptionsgesellschaft unmittelbar angesprochen, die Analyse von Gross spiegelte ihre eigenen Alltagserfahrungen wider. Die Optionsvielfalt fördert die persönliche Freiheit, impliziert aber auch einen Entscheidungszwang. Da und dort gibt es auch Gegenbewegungen: religiöse Gemeinschaften mit restriktiven Normen (zum Beispiel Sekten), neokonservative Strömungen oder ökologisch begründeter Konsumverzicht. Gross war indes überzeugt, dass sich die Steigerungsdynamik langfristig durchsetzen werde. Und in der Tat: Wer hätte vor 30 Jahren gedacht, dass heute selbst die Geschlechtszugehörigkeit frei gewählt werden kann? Wie visionär die »Theorie« der Multioptionsgesellschaft war, zeigt sich gerade heutzutage: Während der Corona-Pandemie hatten zahlreiche Auguren eine fundamentale Transformation der Gesellschaft prophezeit, doch danach wünschte sich die große Mehrheit der Bevölkerung vielmehr die frühere Optionsvielfalt zurück. Mit voller Wucht manifestiert sich die Multioptionsgesellschaft inzwischen in den virtuellen Welten, die sich dank Internet, Smartphones und *social media* entfalteten. Die *FOMS* (*fear of missing something*) grassiert, die eigene Selbstdarstellung muss laufend verbessert werden.

Diese Entwicklung hat Gross nur am Rande mitbekommen. Er selbst beschäftigte sich mit anderen Fragen, zunächst vertieft mit der Individualisierung. Dank der Entobligationierung wird die dritte Moderne zu einer Icherweckungsbewegung, tritt ein ins Unabhängigkeitsjahrhundert und jagt den selbstentworfenen Möglichkeiten nach. Wer ich bin, wird ungewiss, denn »ich bin viele« – die Suche nach dem eigenen Ich, dem Ich-Selbst, wird zur zentralen Aufgabe; das ist Individualisierung hoch zwei, denn die Gegenwart ist stets nur transitorisch, die Zukunft wird so viele weitere Möglichkeiten eröffnen. »Ich-Jagd« nennt Gross sein Buch (1999, Suhrkamp) – eine Jagd, die niemals abgeschlossen sein wird. Die Ursache dieses Vorwärtsstrebens erblickt Gross im Erlösungsgedanken des Christentums – eine Erlösung, die nun innerweltlich angestrebt wird.

Diesen Gedanken entwickelt er in »Jenseits der Erlösung« weiter (2007, transcript). Auf der Basis der Multioptionsgesellschaft, die das kirchliche Curiositas-Verbot abgeschafft, die Gottes-Suche durch eine Ich-Sucht ersetzt hat und eine Fülle unterschiedlicher Sinnangebote bereithält, kritisiert er die christlichen Theologen, die dogmatisch an der klassischen Erlösungsbotschaft festhalten, obwohl dies unter modernen Reflexionsbedingungen niemand mehr glaubt. Gross wagte es, als Kultursoziologe ein theologisches Traktat zu schreiben, das anstelle der illusionären Erlösungsrhetorik eine Neudeutung der christlichen Heilsgeschichte empfiehlt. Der Jenseitsglaube sei längst einem Diesseitsglauben gewichen, daher gelte es, die traditionelle Eschatologie, die Lehre von den letzten Dingen am Ende der Zeiten, umzudeuten: Statt eine finale Erlösung zu versprechen, sollte vielmehr gelehrt werden, dass die Welt unvollkommen und widersprüchlich und das menschliche Leben endlich ist, und es darum geht, dies gelassen zu akzeptieren.

Gross hielt dies für sein bestes Buch, es erhielt auch gute Rezensionen, sprach aber vor allem theologisch interessierte Kreise an. Wesentlich mehr Breitenwirkung erzielten seine Beiträge über das Altern. Insbesondere mit seinen beiden Büchern »Glücksfall Alter« (2008, mit Karin Fagetti) und »Wir werden immer älter. Vielen Dank. Doch wozu?« (2013, beide Herder) wehrte er sich vehement gegen die üblichen Defizitdiskurse von der »Überalterung der Gesellschaft« und dem »Altern als körperlicher Zerfall«. Man darf neue Herausforderungen nicht mit alten Antworten anpacken, sondern muss das Alter neu erfinden. Es gibt keine normale, richtige oder »natürliche« Alterspyramide, jede Gesellschaft muss die realen Gegebenheiten akzeptieren. Dass sich die Lebensspanne während der letzten zweihundert Jahre verdoppelt hat, ist ein Glücksfall, und es gilt, für die gewonnene zusätzliche Lebensphase einen neuen Sinn zu finden. Zudem könnte der größer werdende Anteil der Alten in unserer fortschritts- und wachstumsgläubigen, ihre Ressourcen verzehrenden Gesellschaft ein mäßigendes, entschleunigendes Gegengewicht bilden.

Überblickt man sein Werk, wird deutlich, dass er sich in späteren Jahren immer mehr vom soziologischen Fachdiskurs abwandte, die eigenen Fachgrenzen überschritt und eine interdisziplinäre, übergreifende Perspektive einnahm. Lange vor dem Hype um eine *public sociology* sah er sich als Autor, der sich an ein breites Publikum wandte. So schrieb er laufend Zeitungsartikel, hielt an vielen Orten Vorträge und war ein gern gesehener Gastredner auf Weiterbildungsveranstaltungen und Teilnehmer an Podiumsgesprächen, auch in Radio und Fernsehen. Er fiel durch seine originellen Ideen auf, durch seine Bereitschaft zu provozieren und leidenschaftliche Streitgespräche zu führen. Gross stieß auf breite Resonanz: Im Intellektuellen-Ranking der Zeitschrift Cicero rangierte er 2006 unter den zehn einflussreichsten Denkern der Schweiz, und 2016 wurde ihm »für sein wegweisendes wissenschaftliches und literarisches Schaffen« der Große Kulturpreis der St. Gallischen Kulturstiftung verliehen.

Im zwischenmenschlichen Kontakt war Peter Gross ein umgänglicher Mensch. Mit seinen originellen Ideen wirkte er inspirierend, und indem er sie täglich weiterentwickelte, strömte er Begeisterung aus. Er war gesellig, hatte einen untrüglichen Sinn für die Komik von Alltagssituationen, war ein grandioser Geschichtenerzähler und konnte spontan witzige Reden halten. Er beeindruckte durch seine Ausdrucksgewandtheit in Wort und Schrift, Vorlesungen und Vorträge konnte er manuskriptfrei halten. Er hatte ein phänomenales Gedächtnis und konnte fast alles, was er mal in Sozialwissenschaften, Kunstgeschichte und Literatur gelesen hatte, jederzeit abrufen. Zudem hatte er die Gabe, sich rasch in ein neues Gebiet einarbeiten und bald kompetent an den jeweiligen Diskursen teilnehmen zu können. Alltagspraktische Angelegenheiten hingegen delegierte er gerne an Andere. Ein besonderer Wesenszug war sein Talent, in jeder Problemlage immer auch das Positive zu erkennen. So ist zwar sein persönliches Erschrecken über die zunehmende Ungewissheit und Orientierungslosigkeit und den Zerfall normativer Leitplanken in der modernen Gesellschaft deutlich spürbar, doch letztlich obsiegte bei ihm immer der Optimismus. Ich selbst hatte das Vergnügen, von 1989 bis 2006 gemeinsam mit ihm das Seminar für Soziologie zu leiten, und obwohl unsere Persönlichkeiten grundverschieden waren, funktionierte unsere Zusammenarbeit gut. Wir hatten immer ein super Team und sind nahe Freunde geworden.

Thomas S. Eberle

Habilitationen

Dr. Thomas Matys hat sich 23. Februar 2022 an der FernUniversität in Hagen habilitiert. Die Habilitationsschrift trägt den Titel »Rating-Agenturen im Finanzmarktkapitalismus. Genese – Praktiken – Felder«. Die venia legendi lautet Soziologie.

Call for Papers

Auswirkungen des gesetzlichen Mindestlohns

4. Wissenschaftsworkshop am 19. und 20. Oktober 2023 in der Bundesanstalt für Arbeitsschutz und Arbeitsmedizin, Berlin

Die Geschäfts- und Informationsstelle für den Mindestlohn (Mindestlohnkommission) organisiert einen Workshop zum wissenschaftlichen Austausch über aktuelle, noch nicht als Artikel veröffentlichte Forschungsergebnisse zu den Auswirkungen des gesetzlichen Mindestlohns (»work in progress«). Willkommen sind quantitative und qualitative Beiträge, die sich auch auf spezifische Zielgruppen, Regionen oder Branchen beschränken können. Zudem sind in diesem Jahr Analysen im Kontext von Inflation und entsprechender Anpassungsmaßnahmen von besonderem Interesse. Grundsätzlich relevante Themen entlang der gesetzlichen Evaluationskriterien (vgl. auch Berichte der Mindestlohnkommission) sind:

- Auswirkungen des Mindestlohns auf den Schutz der Arbeitnehmerinnen und Arbeitnehmer (z.B. Lohnstruktur, Erwerbsbiografien, soziale Sicherung, Hilfebezug bei Erwerbstätigkeit, Umsetzung des Mindestlohns)
- Auswirkungen des Mindestlohns auf die Beschäftigung (z.B. Beschäftigungsniveaus,Bezug von Kurzarbeitergeld, Übergänge und Mobilität, Arbeitszeit, Arbeitslosigkeit sowie das Aus- und Weiterbildungsbildungsgeschehen)
- Auswirkungen des Mindestlohns auf die Wettbewerbsbedingungen (z.B. betriebliche Anpassungsmaßnahmen, Preise und Produktivität, Wettbewerbssituation bzw. -intensität, makroökonomische Indikatoren)

Diese Liste ist nicht als abschließend zu begreifen. Darüber hinausgehende Themen sind ebenfalls erwünscht. Vortragsangebote zu aktuellen Forschungsprojekten (Vorstellung von Zwischenergebnissen laufender Projekte, von Arbeitspapieren etc.) können in Form von aussagekräftigen Exposés (max. 5.000 Zeichen) bis zum **7. August 2023** eingereicht werden. Bitte senden Sie Ihren Beitrag per E-Mail an die Adresse geschaeftsstelle@mindestlohn-kommission.de.

Eine Rückmeldung über die Annahmeentscheidung erhalten Sie bis zum 8. September 2023. Die Veranstaltung wird von der Vorsitzenden der Mindestlohnkommission, Christiane Schönefeld, sowie den wissenschaftlichen Mitgliedern, Prof. Dr. Dr. h.c. Lars Feld und Prof. Tom Krebs, PhD, begleitet. Der Workshop ist grundsätzlich als Präsenzveranstaltung in der Bundesanstalt für Arbeitsschutz und Arbeitsmedizin, Nöldnerstraße 40-42, 10317 Berlin, geplant. Die Durchführung der Veranstaltung im Hybrid- oder Onlineformat behalten sich die Veranstalter vor. Tagungsgebühren werden nicht erhoben. Reisekosten werden entsprechend der Richtlinien des Bundesreisekostengesetzes (BRKG) erstattet. Bei Fragen können Sie sich gerne an die Geschäftsstelle der Mindestlohnkommission wenden:

E-Mail: geschaeftsstelle@mindestlohn-kommission.de
Telefon: 030/51548-4194

Drecksarbeit. Materialitäten, Semantiken und Praktiken von der Frühen Neuzeit bis zur Gegenwart

3. Konferenz der GLHA vom 13. bis 15. November 2024 im Museum für Kunst und Kulturgeschichte, Dortmund

Im Mittelpunkt der dritten Konferenz der German Labour History Association (GLHA) stehen geistes- und gesellschaftswissenschaftliche, v.a. historische Zugänge zu ›Drecksarbeit‹ von der Frühen Neuzeit bis zum 21. Jahrhundert.

Soziale Hierarchien, gesellschaftliches Ansehen und kulturelles Kapital werden nicht zuletzt über Arbeit beziehungsweise berufliche Tätigkeiten verhandelt. Sie werden symbolisch hervorgehoben durch Codes wie die Farbe des Hemdkragens oder semantische Chiffren wie ›Drecksarbeit‹. Als sogenannte Drecksarbeit gelten allgemein Tätigkeiten, von denen angenommen wird, dass ihre Ausübung mit Widerwillen geschieht, dass sie sozial beziehungsweise moralisch fragwürdig sind, oder dass sie mit widrigen Arbeitsumständen verbunden sind. Drecksarbeit wird als »disgusting or degrading« gewertet (Simpson: Embodying Dirty Work, 2018). Sie auszuführen, kann bedeuten, Arbeit unter schwierigen und prekären Bedingungen zu leisten, in physischen Kontakt mit abjekter Materie zu treten und für diese Tätigkeit stigmatisiert oder sogar kriminalisiert zu werden.

Deutlich wird: Die sogenannte Drecksarbeit ist ein Zuschreibungsphänomen, das Fragen nach Materialitäten und Semantiken, nach kulturellen Praktiken und Ökonomien aufwirft. Sie eröffnet einen gesellschaftlichen Diskurs, der auch in Literatur, Bildender Kunst und Medien gestaltet, geprägt und verhandelt wird. Die strukturelle Bedeutung von als ›Drecksarbeit‹ eingeordneten Tätigkeiten wird dagegen vor allem dann sichtbar, wenn sie nicht mehr reibungslos ausgeführt werden, etwa wenn die Müllabfuhr oder die Pflegekräfte streiken.

Als Selbst- oder Fremdzuschreibung dient ›Drecksarbeit‹ der Etablierung und Legitimierung von Hierarchien. Bei der Untersuchung von ›Drecksarbeit‹ stellt sich unmittelbar die Frage nach Relationen und Zuschreibungen zwischen Akteur:innen, Kontexten, Materialitäten und Praktiken: Wer bezeichnet in welchem Kontext etwas als ›Drecksarbeit‹; welche Bilder werden von ›Drecksarbeit‹ und ihren Subjekten gezeichnet; welche Hierarchien, Machtverhältnisse und Beziehungskonstellationen entstehen dabei oder begünstigen Zuschreibungsprozesse; welche Grenzziehungen von Differenz und Fremdheit werden dabei sichtbar? Bereiche wie die der Sexarbeit, des Müll- oder Pfandsammelns, aber auch andere Arbeitsfelder, wie zum Beispiel Reinigungsarbeiten, bieten sich an, um über Fragen nach der Bedeutung von Dreck, und dem vermeintlichen Gegensatz oder Korrelationen zwischen ›schmutziger‹ und ›sauberer‹ Arbeit nachzudenken – so etwa auch im Fall der Computerarbeit, die als sauber gilt, aber Dreck produziert.

Folgende Fragen könnten im Rahmen der interdisziplinären Konferenz adressiert werden: Wann und wie werden Tätigkeiten in verschiedenen historischen Kontexten, in Erzählungen und Medien als ›Drecksarbeit‹ konnotiert? Was wird dabei als Dreck verstanden – und wer oder was bestimmt darüber, was als ›Drecksarbeit‹ gilt? Welche Korrelationen und Verhältnisse lassen sich zwischen race, class, gender, (dis)ability, Alter und ›Drecksarbeit‹ ausmachen und wie lassen sie sich beschreiben? Wie hat sich die Wahrnehmung von sogenannter Drecksarbeit seit der Frühen Neuzeit bis heute gewandelt, welche Verschiebungen gab es angesichts des sich ebenfalls wandelnden subjektiven und gesellschaftlichen Umgangs mit Dreck oder Schmutz? Welche subjektiven Umgangsstrategien mit Stigmatisierungen werden thematisiert? Wird ›Drecksarbeit‹ zukünftig sichtbarer auf einem globalen Arbeitsmarkt mit unsicheren und prekären Arbeitsbedingungen?

Wir begrüßen Beiträge, die den Blick über den Nationalstaat und den Globalen Norden hinaus erweitern, etwa durch eine transnationale/globalhistorische Perspektive auf sogenannte Drecksarbeit. Dabei können die Beiträge die oben aufgeworfenen Fragen berücksichtigen, jedoch auch darüberhinausgehende Fragen aufwerfen.

Für die interdisziplinäre Konferenz sind Beiträge aus dem gesamten Spektrum der Geistes- und Gesellschaftswissenschaften willkommen, insbesondere der Geschichtswissenschaft, Literatur– und Kulturwissenschaft und Soziologie. Die Konferenzsprache ist Deutsch, englischsprachige Beiträge sind möglich. Reisekosten und Unterkunft werden für Vortragende übernommen.

Die Tagung wird von der German Labour History Association (GLHA) in Kooperation mit dem Fritz-Hüser-Institut für Literatur und Kultur der Arbeitswelt, der FernUniversität in Hagen, der Rosa-Luxemburg-Stiftung, der Hans-Böckler-Stiftung, der Friedrich-Ebert-Stiftung und dem Museum für Kunst und Kulturgeschichte in Dortmund organisiert. Informationen zur GLHA finden Sie auf der Webseite www.germanlabourhistory.de.

Zu Vorbereitungsteam gehören Iuditha Balint (Fritz-Hüser-Institut für Literatur und Kultur der Arbeitswelt), Mareen Heying, Vanessa Höving (FernUniversität in Hagen) und Bernd Hüttner (Rosa-Luxemburg-Stiftung).

Bitte senden Sie Ihr Abstract mit etwa 400 Wörtern und ein kurzes akademisches CV (maximal eine Seite) bis zum **23. Oktober 2023** an:

Mareen Heying
E-Mail: mail@mareenheying.de und

Vanessa Höving
E-Mail: vanessa.hoeving@fernuni-hagen.de

Tagungen

Ungleichheiten in Ost- und Westdeutschland – Persistenz oder Wandel?

Gemeinsame Tagung der Sektion Soziale Ungleichheit und Sozialstrukturanalyse und des Sonderforschungsbereichs Transregio 294 »Strukturwandel des Eigentums« am 25. und 26. September 2023 an der Friedrich-Schiller-Universität Jena

Wie haben sich soziale Ungleichheiten in Ost- und Westdeutschland nach über 30 Jahren der Wiedervereinigung entwickelt? Trotz zahlreicher soziologischer Untersuchungen fallen Antworten auf diese Frage sehr unterschiedlich aus. So deuten einige empirische Befunde auf eine Angleichung zwischen Ost und West hin: Beispielsweise haben sich Arbeitsmarktungleichheiten im Hinblick auf Arbeitslosigkeit oder die Erwerbsquoten von Frauen und Männern zwischen Ost und West angenähert. Auch sind Armutsquoten in beiden Teilen Deutschlands inzwischen ähnlich hoch.

Die Mehrzahl der Befunde zeugt jedoch von einer Persistenz ungleicher Lebenschancen zwischen Ost- und Westdeutschland. So erzielen Beschäftigte in Ostdeutschland weiterhin geringere Löhne und sind häufiger von prekären Arbeitsbedingungen betroffen als in Westdeutschland. Auch in Bezug auf Privateigentum sind die Unterschiede zwischen Ost- und Westdeutschland nach wie vor eklatant, da Ostdeutsche sehr viel weniger Vermögen und insbesondere weniger Wohneigentum besitzen. Hinzu kommt, dass Elitepositionen in Politik, Wirtschaft oder Wissenschaft bis heute noch kaum von ostdeutschen Personen besetzt werden. Auch die Geschlechterverhältnisse unterscheiden sich weiter deutlich, jedoch in umgekehrter Richtung. So schreibt sich der Modernisierungsvorsprung der in der DDR sozialisierten Frauen fort und resultiert in einem geringeren Gender Pay Gap, Gender Pension Gap und Gender Wealth Gap in Ostdeutschland. Obwohl Frauen in beiden Teilen Deutschlands den größten Teil der unbezahlten Fürsorge- und Hausarbeit leisten, ist der Gender Care Gap in Ostdeutschland ebenfalls geringer als in Westdeutschland. Schließlich zeigen sich weiter deutliche Unterschiede zwischen Ost- und Westdeutschland bei Norm- und Wertvorstellungen, sei es in Bezug auf Ungleichheits- und Gerechtigkeitsvorstellungen, Geschlechterkonstruktionen, Einstellungen zu Mutterschaft und Kinderbetreuung, politische Einstellungen, Wahlverhalten oder gruppenbezogene Menschenfeindlichkeit.

Hinzu kommen allerdings neue Formen von Ungleichheiten, die sich innerhalb von Ost- und Westdeutschland in unterschiedlichem Maße ausgebildet haben und dadurch die Grenzen zwischen Ost- und Westdeutschland möglicherweise verwischen. So haben sich im Verlauf der letzten Jahrzehnte die ungleichen Lebensbedingungen zwischen städtischen und ländlichen Lebensräumen im Zuge des demografischen Wandels in Ostdeutschland deutlich stärker auseinanderentwickelt als dies in Westdeutschland der Fall ist. Ähnliches gilt für die Armutssegregation in Städten, die inzwischen ebenfalls im Osten sehr viel größer ist als im Westen. Darüber hinaus zeigen sich im Osten neue Ungleichheiten im Bildungsbereich, z.B. hinsichtlich des Anteils von Jugendlichen, die die Schule ohne Abschluss verlassen oder mit Blick auf Chancenungleichheiten zwischen Schüler:innen auf privaten und öffentlichen Schulen. Offen ist zudem, inwiefern aktuelle Entwicklungen, wie z.B. die Corona-Pandemie, die Care-Krise oder die Digitalisierung von Arbeit die Ungleichheiten zwischen Ost und West verändern.

Angesichts dieser komplexen Gemengelage möchten wir die Frage nach Stand, Entwicklung und Ursachen von Ungleichheiten in Ost- und Westdeutschland auf der Tagung neu aufwerfen. Unser Ziel ist es, empirische Befunde aus qualitativen, quantitativen oder Mixed-Methods-Studien zusammenzubringen, die den Wandel, die Persistenz oder die Neuentstehung von Ungleichheit in Ost- und Westdeutschland näher beleuchten. Daneben planen wir auch theoretische Beiträge, die Ungleichheiten zwischen Ost- und Westdeutschland konzeptualisieren.

Die Tagung wird von Agnieszka Althaber (SFB 294, Universität Jena), Johannes Giesecke (Sektion Soziale Ungleichheit, Humboldt Universität zu Berlin), Kathrin Leuze (Sektion Soziale Ungleichheit, SFB 294, Universität Jena), Robin K. Saalfeld (SFB 294, Universität Jena) und Sylka Scholz (SFB 294, Universität Jena) organisiert. Bei Fragen wenden Sie sich bitte an

herbsttagung@soziale-ungleichheit.de

Gesundheit – Umwelt – Gesellschaft
Umwelt- und Gesundheitssoziologie im Gespräch

Gemeinsame Herbsttagung der Sektionen Medizin- und Gesundheitssoziologie und Umwelt- und Nachhaltigkeitssoziologie am 5. und 6. Oktober 2023 an der Universität Bamberg

»Erst stirbt die Biene, dann der Mensch«, »Die Natur ist die beste Apotheke« – solche und andere Sinnsprüche verdeutlichen, dass die Erhaltung von Gesundheit ein starkes Motiv sowohl für Naturerkenntnis, als auch für die Suche nach umweltfreundlichen beziehungsweise naturnahen Lebensstilen ist. Die – räumliche wie kulturelle – Entfernung von Natur wird in öffentlichen Diskussionen immer wieder als Ursache für problematische, nicht zuletzt gesundheitsgefährdende Lebensziele und -praktiken angeführt. Dass sich Menschen ungesund ernähren und, in großen Städten lebend, physischem und psychischem Stress ausgesetzt sind, wird als falsche Lebensweise gegenüber einer richtigen, weil: natürlichen, abgegrenzt. Dem pflichten auch wissenschaftliche Studien bei, die z.B. die zunehmende Entfremdung der Menschen von Natur untersuchen. Schon im Millenium Ecosystem Assessment, einer 2001 von den Vereinten Nationen in Auftrag gegebenen und 2005 publizierten Studie, wurde systematisch erforscht, wie Ökosystemdegradationen global menschliches Wohlbefinden beeinflussen. Und während der Corona-Pandemie ist vom Weltbiodiversitätsrat IPBES ein Workshop-Bericht publiziert worden, der ein »Zeitalter der Pandemien« prophezeit, wenn sich der derzeitige Umgang des Menschen mit der Natur fortsetze.

Kulturgeschichtlich betrachtet sind diese Vorstellungen der ins Negative gewendete Ausdruck einer Erfolgsgeschichte, in der Gesundheit, höhere Lebenserwartung und Wohlbefinden durch die Abwehr von Naturgefahren erreicht wurden – etwa durch die Ausrottung von Raubtieren, die Bändigung von Flüssen, die Trockenlegung von Mooren oder die Sicherstellung von Ernährung mit Hilfe von Mineraldüngern, Pestiziden, Herbiziden und Agrartechnik. Dass sich mit dem wissenschaftlich-technischen Fortschritt auch medizinisch-pflegerisches Wissen in einer Weise entwickelte, die nicht zuletzt die Bewältigung des pandemisch ausgebreiteten Krankheitserregers SARS-CoV-2 und der Infektionskrankheit COVID-19 ermöglichte, ist in diesem Zusammenhang ebenfalls erwähnenswert.

Diese Erfolgsgeschichte hat aber eine Kehrseite: Durch die zwar ungleich verteilte, aber weltweit insgesamt enorme Verbesserung von Wohlstandsniveau und Gesundheit sind die natürlichen Lebensgrundlagen stark gefährdet (u.a. Wälder, Trinkwasser, Ozeane, Klima, Artenvielfalt). Zu den Ursachen der COVID-Pandemie zählen auch zerstörte Lebensräume für Tiere und Pflanzen. Dies hat bei einigen Public-Health-Wissenschaftler*innen zu einem erweiterten Verständnis dieses Fachgebietes geführt, das mit den Konzepten *One Health*, *Planetary Health* oder *EcoHealth* beschrieben werden kann. Dabei wird eine weitere Verbesserung des Wohlstandes und der Gesundheit des Menschen auf Kosten der Natur kritisch gesehen.

Vor diesem Hintergrund der vielfältigen Überschneidungen von Themen der Medizin- und Gesundheitssoziologie einerseits und der Umwelt- und Nachhaltigkeitssoziologie andererseits halten die beiden Sektionen eine gemeinsame Herbsttagung ab. Es geht darum, dieses hoch aktuelle Forschungsfeld aus einer soziologischen Perspektive auszuleuchten, begrifflich-theoretische und methodische Zugänge zu sichten und Wissenschaftler*innen aus beiden Bindestrichsoziologien miteinander ins Gespräch zu bringen.

Aus der Sicht einer Soziologie, die sich sowohl mit Umwelt-Gesellschaft-Beziehungen als auch mit der menschlichen Gesundheit befasst und Grundfragen sozialer Ungleichheit und gesellschaftlicher Diskurse im Blick behält, stellen sich unter anderem folgende Fragen:

1. Welche aktuellen und historischen Beziehungen von Umweltveränderungen (z.B. Klimawandel, Artensterben, Luftverschmutzung, Infrastrukturausbau, etc.) und Gesundheit und Wohlbefinden lassen sich empirisch identifizieren, beschreiben und analysieren?
2. Inwiefern sind Umwelt- und Gesundheitsprobleme diskursiv oder in bestimmten Handlungsfeldern (z.B. Ernährung) miteinander verbunden, mit welchen Konsequenzen?
3. Blockieren nationale und internationale Verteilungs- und Gerechtigkeitsprobleme umweltadäquates wie auch gesundheitsförderliches Verhalten?
4. Was lässt sich aus den wirksamen kurzfristigen Governance-Maßnahmen während der COVID-19-Gesundheitskrise im Hinblick auf das stetige Scheitern bei der Vermeidung langfristiger ökologischer Gefährdungen lernen?
5. Wie wirken sich innerwissenschaftliche Konflikte zwischen Natur- und Geisteswissenschaften um Deutungshoheiten auf das Potential komplexer Gesellschaften zu Transformationen und zur Bewältigung von Krisen aus? Inwieweit werden z.B. durch die in Teilen der Geisteswissenschaften geteilte Kritik an der Hegemonie der Naturwissenschaften auch die aus naturwissenschaftlichen Tatsachen abgeleiteten Notwendigkeiten in Frage gestellt?

6. Wie sind Maßnahmen in Gesundheits- oder Umweltkrisen in den Bereichen Public Health oder in der Umweltpolitik demokratisch zu legitimieren? Und wie ist die Ambivalenz der Forderung nach Freiheit z.B. angesichts der Corona-Beschränkungen oder der Einschränkungen der Mobilität oder des Konsums zum Schutz der Umwelt einzuschätzen?

Neben empirischen (quantitativen und qualitativen) Beiträgen, die Forschungsergebnisse begrifflich-theoretisch in das Schnittfeld »Umwelt, Gesundheit, Gesellschaft« einordnen, und interdisziplinären Vorträgen aus dem inner- und außereuropäischen Kontext (auf Deutsch oder Englisch) sind auch andere Beitragsformate (z.B. Poster, Podcast) angedacht. Bei Fragen wenden Sie sich bitte an

Jens Jetzkowitz
E-Mail: jens.jetzkowitz@thuenen.de oder

Rasmus Hoffmann
E-Mail: rasmus.hoffmann@uni-bamberg.de.

Prof. Dr. Johann Behrens, Institut für Supervision, Institutionsanalyse und Sozialforschung, Möckernkiez 18 (Kreuzberger Wiese), D-10963 Berlin, E-Mail: johann.behrens@medizin.uni-halle.de

Prof. Dr. Birgit Blättel-Mink, Goethe-Universität Frankfurt am Main, Fachbereich 03 Gesellschaftswissenschaften, Theodor-W.-Adorno-Platz 6, D-60323 Frankfurt am Main, E-Mail: b.blaettel-mink@soz.uni-frankfurt.de

Prof. Dr. Annelies Blom, Universität Bremen, SOCIUM – Forschungszentrum Ungleichheit und Sozialpolitik, Mary-Somerville-Straße 9, D-28359 Bremen, E-Mail: blom@uni-bremen.de

Prof. Dr. Heike Delitz, Universität Regensburg, Fakultät Sprach-, Literatur- und Kulturwissenschaften, Universitätsstraße 31, D-93053 Regensburg, E-Mail: heike.delitz@ur.de

Prof. em. Dr. Thomas S. Eberle, Universität St. Gallen, Seminar für Soziologie, Müller-Friedberg-Straße 8, CH-9000 St. Gallen, E-Mail: thomas.eberle@unisg.ch

Prof. Dr. Christian Fleck, Karl-Franzens-Universität Graz, Institut für Soziologie, Universitätsstraße 15/G4, A-8010 Graz, E-Mail: christian.fleck@uni-graz.at

Dr. Uta Karstein, Universität Leipzig, Institut für Kulturwissenschaften, Beethovenstraße 15, D-04107 Leipzig, E- Mail: karstein@uni-leipzig.de

Dr. Valeria Korablyova, Charles University, Faculty of Social Sciences, Institute of International Studies, U Kříže 8, CZE-158 00 Praha 5, E-Mail: valeriya.korablyova@fsv.cuni.cz

Dr. Ina Krause, TU Dresden, Institut für Berufspädagogik und Berufliche Didaktiken, Weberplatz 5, D-01217 Dresden, E-Mail: ina.krause@tu-dresden.de

Prof. Dr. Andreas Langenohl, Justus-Liebig-Universität Gießen, Institut für Soziologie, Karl-Glöckner-Straße 21E, D-35394 Gießen, E-Mail: andreas.langenohl@sowi.uni-giessen.de

Dr. Heinz Leitgöb, Universität Leipzig, Institut für Soziologie, Beethovenstraße 15, D-04107 Leipzig, E-Mail: heinz.leitgoeb@uni-leipzig.de

Prof. Dr. Knut Petzold, Hochschule Zittau/Görlitz, Fakultät Sozialwissenschaften, Furtstraße 2, D-02826 Görlitz, E-Mail: knut.petzold@hszg.de

Prof. i.R. Dr. Peter Strohschneider, Ludwig-Maximilians-Universität, Institut für Deutsche Philologie, Schellingstraße 3, D-80799 München, E-Mail: peter.strohschneider@lmu.de

Patricia Thomas, Universität Leipzig, Institut für Kulturwissenschaften, Beethovenstraße 15, D-04107 Leipzig, E- Mail: patricia.thomas@uni-leipzig.de

Prof. Dr. Georg Vobruba, Universität Leipzig, Institut für Soziologie, Beethovenstraße 15, D-04107 Leipzig, E-Mail: vobruba@uni-leipzig.de (Matura am AKG 1966)

Prof. Dr. Claudia Vogel, Hochschule Neubrandenburg, Fachbereich Soziale Arbeit, Bildung und Erziehung, Brodaer Straße 2, D-17033 Neubrandenburg, E-Mail: cvogel@hs-nb.de

Prof. Dr. Tobias Wolbring, Friedrich-Alexander-Universität Erlangen-Nürnberg, Fachbereich Wirtschafts- und Sozialwissenschaften, Findelgasse 7/9, D-90409 Nürnberg, E-Mail: tobias.wolbring@fau.de

Dr. Susann Worschech, Europa-Universität Viadrina Frankfurt (Oder), Kulturwissenschaftliche Fakultät, Logenstraße 11, D-15230 Frankfurt (Oder), E-Mail: worschech@europa-uni.de

Georg Vobruba
Das kulturelle Klima in Wien nach der Jahrhundertwende

Der Zusammenstoß von Tradition und Moderne war in Wien besonders heftig. Daraus entwickelte sich in den Zehner- und Zwanzigerjahren des 20. Jahrhunderts eine außergewöhnlich dichte und anregende kulturelle und intellektuelle Atmosphäre. Träger der Entwicklungen in bildender Kunst, Literatur und Wissenschaft war das Bürgertum, als dessen Bildungsanstalt sich das Akademische Gymnasium verstand. Seine Geschichte ist darum eng mit der Entwicklung des Bürgertums verbunden. Im Vergleich zu anderen Schulen in Wien hatte das AKG einen relativ hohen Anteil an jüdischen Schülern. Auch dies bezeugt die enge Verbindung der Schule mit dem Bürgertum, in dem säkularisierte jüdische Familien, wie jene, aus der Paul Lazarsfeld stammte, eine wichtige Rolle spielten.

The clash between tradition and modernity was particularly fierce in Vienna. This resulted in an exceptionally dense and stimulating cultural and intellectual atmosphere in the decade and twenties of the 20th century. The bourgeoisie was the driving force behind developments in the fine arts, literature and science, and the *Akademisches Gymnasium* saw itself as its educational institution. Its history is therefore closely linked to the development of the bourgeoisie. Compared to other schools in Vienna, the AKG had a relatively high proportion of Jewish pupils. This also testifies to the school's close connection with the bourgeoisie, in which secularised Jewish families, such as the one from which Paul Lazarsfeld came, played an important role.

Christian Fleck
Wiener Schmäh goes America

Paul F. Lazarsfeld (1901–1976) lebte die ersten dreißig Jahre seines Lebens in Wien und wurde dort vor allem von austromarxistischen Sozialdemokraten wie Friedrich Adler, Otto Bauer und Rudolf Hilferding, der Individualpsychologie Alfred Adlers und der akademischen Psychologie Karl und Charlotte Bühlers geprägt. Markantestes Beispiel seiner Wiener Periode ist »Die Arbeitslosen von Marienthal«. 1933 ging er mit einem Stipendium der Rockefeller Foundation nach New York und blieb ab 1935 in den USA, wo er sich nach kurzer Zeit als *managerial scholar* etablieren konnte. Gründungen von Forschungsinstituten und viel beachtete Studien zu Konsumenten der Massenmedien, Arbeitslosigkeit, Familie und vor allem zu Entscheidungsprozessen von Wählern und Konsumenten machten ihn berühmt. Seine Art empirische Sozialforschung – ein Ausdruck, den er prägte –, seine, gemeinsam mit Robert K. Merton an der Columbia University betriebene Nachwuchsförderung und Lehrbücher zur Methodologie trugen dazu bei, dass er in den 1970er Jahren zur Ultra-Elite der Soziologie gehörte.

Paul F. Lazarsfeld (1901–1976) lived the first thirty years of his life in Vienna, where he was influenced primarily by Austro-Marxists such as Friedrich Adler, Otto Bauer, and Rudolf Hilferding, the individual psychology of Alfred Adler, and the academic psychology of Karl and Charlotte Bühler. The most striking example of his Viennese period is »Die Arbeitslosen von Marienthal«. In 1933 he went to New York on a Rockefeller Foundation fellowship and remained in the U.S. from 1935, where he was able to establish himself as a *managerial scholar* after a short time. He became famous for founding research institutes and conducting highly regarded studies on mass media audiences, unemployment, the family and, above all, the decision-making processes of voters and consumers. His type of empirical social research – a term he coined – his promotion of young researchers, together with Robert K. Merton at Columbia University, and textbooks on methodology contributed to his being among the ultra-elite of sociology in the 1970s.

Symposion
Soziologische Perspektiven zu Osteuropa, Teil 1

Das Ende des Postsowjetismus, das der Krieg Russlands gegen die gesamte Ukraine markiert, kann der Beginn eines erneuerten und systematisierten Selbstverständnisses der Krisen- und (Ost-)Europawissenschaft Soziologie sein. Das Symposion stellt in insgesamt sieben Beiträgen Perspektiven für die soziologische Theorieentwicklung und empirische Forschung vor. In diesem ersten Teil schreibt Valeria Korablyova im Anschluss an eine thematische Einführung von Susann Worschech über sozialwissenschaftliche Versäumnisse, die aus dem Erbe des sowjetrussischen Kolonialismus und des Kalten Krieges resultieren, und zeigt, welches soziologische Potenzial in der Beschäftigung mit der Ukraine liegt. Im Anschluss an den Beitrag von Korablyova diskutiert Andreas Langenohl die Rolle der Soziologie in den Debatten über Transformation, Europa beziehungsweise Europäische Union und die (de-)kolonialen Aspekte der Analyse Osteuropas im Verlaufe der letzten drei Dekaden.

The end of post-Sovietism, marked by Russia's war against the Ukraine, can be the start of a renewed and systematised self-understanding of sociology as a science of crisis and (Eastern) Europe. In a total of seven contributions, the symposium presents perspectives for sociological theory development and empirical research. In the first part here, following a thematic introduction by Susann Worschech, Valeria Korablyova writes about sociological omissions resulting from the legacy of Soviet-Russian colonialism and the Cold War, and shows what sociological potential lies in the study of Ukraine. Following Korablyova's contribution, Andreas Langenohl discusses the role of sociology in the debates on transformation, Europe and the European Union, and the (de-)colonial aspects of the analysis of Eastern Europe over the last three decades.

Heinz Leitgöb, Knut Petzold, Tobias Wolbring, Annelies G. Blom
Zur Neuorientierung der soziologischen Methodenausbildung

In Heft 1/2023 der SOZIOLOGIE spricht sich Andreas Diekmann für eine grundlegende Reform der soziologischen Methodenausbildung aus. Wir greifen die angestoßene Debatte auf und ergänzen die von Andreas Diekmann adressierten Themenbereiche zur Erweiterung der Lehrinhalte insbesondere um Kompetenzen der Gewinnung und Anwendung »neuer Daten« sowie der algorithmischen Datenanalyse. Neben den Lehrinhalten stellen wir Überlegungen zur Adaption der allgemeinen Lehrprinzipien an und formulieren erste Denkanstöße zur praktischen Umsetzung einer solchen Neuorientierung der Methodenlehre.

In SOZIOLOGIE 1/2023 Andreas Diekmann argues in favour of a reform of the sociological methods curricula at universities. Our article constitutes an extension of the debate initiated by him. We advocate for teaching new competencies in the collection of and information retrieval from »new data« as well as in algorithmic data analysis. In addition, we propose an adaptation of general teaching principles and formulate initial ideas for the practical implementation of such a reform.

Ina Krause, Birgit Blättel-Mink, Heike Delitz
Soziologie als Beruf – zwischen gesellschaftlicher Relevanz und Prekarität

Der Beitrag geht von der vielfachen Spannung aus, in die sich die Soziologie derzeit gestellt sieht: zwischen erstens ihrer gesellschaftlichen Relevanz gerade in diesen Krisenzeiten, zweitens den wissenschafts- und auch soziologiefeindlichen Haltungen, die sich seit der Pandemie und den Debatten um den Klimawandel offenbaren, und drittens der zunehmend prekären Beschäftigungssituation im Mittelbau, nicht zuletzt durch die Folgen des Wissenschaftszeitvertragsgesetzes. Wir berichten über die Sonderveranstaltung des Ausschusses »Soziologie als Beruf« auf dem 41. Kongress der DGS in Bielefeld 2022 und verfolgen die Debatte um die ausstehende Novelle des Gesetzes.

The article is based on the multiple tensions that sociology is currently facing: firstly, its social relevance, especially in these times of crisis; secondly, the anti-science and anti-sociology attitudes that have become apparent since the pandemic and the debates on climate change; and thirdly, the increasingly precarious employment situation among mid-level staff, not least due to the consequences of the German Act on Temporary Academic Contracts. We report on the special event organised by the committee »Sociology as a Profession« at the 41st Congress of the DGS in Bielefeld 2022, and follow debate on the pending amendment of the law.

Bitte berücksichtigen Sie folgende Hinweise zur Textgestaltung:

Verwenden Sie *Fußnoten* nur für inhaltliche Kommentare, nicht für bibliographische Angaben. Geben Sie *Literaturhinweise im Text* durch Nennung des Autorennamens, des Erscheinungsjahres und ggf. der Seitenzahl in Klammern. Zum Beispiel (König 1962: 17).

Bei *bis zu drei Autor:innen* geben Sie alle Namen an und trennen durch Kommata; bei *mehr als drei Autor:innen* ergänzen Sie den ersten Namen um »et al.«. Kennzeichnen Sie *mehrere Titel pro Autor:in* und Erscheinungsjahr durch Hinzufügung von a, b, c … (König 1962a, 1962b).

Mehrere, aufeinander folgende Literaturhinweise werden durch Semikolon getrennt (König 1962: 64; Berger, Luckmann 1974: 137)

In der *Literaturliste am Schluss des Manuskriptes* führen Sie alle zitierten Titel alphabetisch nach Autorennamen und je Autor:in nach Erscheinungsjahr (aufsteigend) geordnet auf, bei mehreren Autor:innen alle namentlich durch Schrägstrich getrennt nennen. Geben Sie Verlagsort und Verlag an.

Bücher: Luhmann, Niklas 1984: Soziale Systeme. Grundriss einer allgemeinen Theorie. Frankfurt am Main: Suhrkamp.

Zeitschriftenbeiträge: Müller-Benedict, Volker 2003: Modellierung in der Soziologie – heutige Fragestellungen und Perspektiven. SOZIOLOGIE, 32. Jg., Heft 1, 21–36.

Beiträge aus Sammelbänden: Lutz, Helma 2003: Leben in der Twilightzone. In Jutta Allmendinger (Hg.), Entstaatlichung und soziale Sicherheit. Opladen: Leske + Budrich, 254–266.

Internetquellen: Stark, Philip B. / Freishtat, Richard 2014: An Evaluation of Course Evaluations. ScienceOpen Research, doi: 10.14293/S2199-1006.1.SOREDU.AOFRQA.v1.

oder Steffen, Wiebke 2003: Polizeilich registrierte Gewalttaten junger Menschen: Grund zu Furcht und Sorge? Sozialwissenschaften und Berufspraxis, 26. Jg., Heft 2, 135–148. https://nbn-resolving.org/urn:nbn:de:0168-ssoar-38044. Letzter Aufruf am 27. April 2021.

Im Literaturverwaltungsprogramm *Citavi* können Sie unseren *Zitationsstil »Soziologie – Forum der Deutschen Gesellschaft für Soziologie«* nutzen. Fügen Sie Ihrem Manuskript bitte eine *deutsche* und eine *englische Zusammenfassung von maximal je 15 Zeilen*, sowie *Name, Titel* und *Korrespondenzadresse* bei. Schicken Sie Ihren Text bitte als .docx, .rtf oder .odt per E-Mail an die Redaktion der SOZIOLOGIE: soz-red@sozio.uni-leipzig.de.

Für *Berichte aus den Sektionen* beachten Sie bitte, dass der Text 7.500 Zeichen (inkl. Leerzeichen) nicht überschreiten sollte.